당신의 목소리에서 세상을 보았습니다

당신의 목소리에서
세상을 보았습니다

초판 1쇄 찍음 2011년 1월 05일
초판 1쇄 펴냄 2011년 1월 10일

지은이 ktis
펴낸이 金泰奉
펴낸곳 한솜미디어
등 록 제5-213호

편 집 박창서 김주영 김미란 이혜정
마케팅 김영길 김명준
홍 보 장승윤

주 소 143-200 서울시 광진구 구의동 243-22
전 화 (02)454-0492(代)
팩 스 (02)454-0493
이메일 hansom@hansom.co.kr
홈페이지 www.hansom.co.kr

ISBN 978-89-5959-256-2 (03810)

• ktis 고객 상담 수기 모음집 •

당신의 목소리에서 세상을 보았습니다

한솜미디어

당신의 목소리에서 세상을 보았습니다

웃음 ♡ 포인트 … 사랑합니다. 고객님!

감동♡ 포인트 … 고객감동서비스를 실현합니다!

행복 ♡ 포인트 … 고객님께 행복한 가치를 전달합니다!

ktis always with you!

ktis 고객 상담 수기 모음집

웃음♡포인트

사랑합니다. 고객님!

수기 공모 최우수상 수상작(DA 부문)

주여~ 소머즈의 귀를 주시옵소서

경기 114본부 _ **최정윤**

"안녕하십니까 ~ 고객님~"을 외치며 114 안내원으로 입사한 지 어느덧 10년이 되었습니다. 그때는 "고객님, 사랑합니다"였지만 지금은 "반갑습니다, 고객님"으로 바뀌었지요.

문득 신입시절에 어리버리했던 내 모습이 새록새록 생각나는 요즘입니다. 요즘은 고객들이 얼마나 무서워졌는지 말 한마디 어설프게 했다가는 바로 민원으로 이어질까봐 몸을 사리게 됩니다. 고객들 가운데 가끔씩은 정말 최선을 다해 잘해 주고 싶을 때도 있습니다. 저도 그런 고객을 만났었지요.

몇 해 전의 일입니다. 이제 막 신입티를 벗고 나도 좀 한다 하며 열심히 회사를 다닐 때였죠. 항상 그렇듯이 아침을 허둥지둥 먹고 나서 대문을 나섭니다.

얼마 전 신문 정기구독으로 받은 사은품 자전거가 나의 교통수단입니다. 자전거로 회사까지 30분 걸리는 이동시간은 제게는 중요한 시간입니다. 추운 겨울을 제외하고는 아침의 상쾌함과 하루를 여는 컨디션을 업시키기까지 하니까요. 다들 아시다시피 고객을 상대하는 우리 같은 직업은 마인드와 컨디션이 아주 중요합니다. 그래서 늘 자전거 패달을 밟으면서 마음속으로 외칩니다.

“오늘은 좋은 일만 생길 거야! 오늘은 어제보다 더 행복할 것 같아!”

아침행사 후 오늘도 어김없이 책상에 앉아서 모닝커피를 한잔한 후 고객 맞을 준비를 합니다. 거울을 보며 싱긋 웃어 보이기도 하면서….

“사랑합니다, 고객님!”

“○ ○ 기억의 상처요.”

“네에~ 기억의 상처… 말씀이십니까?”

“네에~”

50십대 아저씨의 중저음 바리톤 음색이 나를 긴장하게 했습니다. 몇 마디 안 나누었지만 굉장히 점잖고 너그러울 것만 같은 음색이었습니다. 몰상식한 몇몇 고객들과는 완전히 다른, 안내원을 존중하는 듯한 말투였지요. 어쩌면 아침부터 주문을 걸었던 긍정적인 마인드가 작용했을지도 모르겠습니다. 어쨌든 첫 고객으로 기분 좋은 출발이었습니다.

잘 안내해야 할 텐데… 아니, 그런데 웬일입니까? 미등록인 것입니다. 이 고객에게만은 미등록 멘트를 쓰고 싶지 않았건만.

“고객님, 죄송합니다. 상호가 기억의 상처가 맞으십니까?”

“네에! 그러면 기억에 상처라고 해 보세요.”

“네에… 고객님, 죄송합니다. 전국적으로 기억의 상처는 등록되어 있지 않습니다.”

"허허… 분명히 있을 텐데요, 기 억 의 상 처!"

"저… 혹시 업종이 카페이십니까? 제가 그 지역에 다른 카페를 안내해 드릴까요?"

"네?"

순간 불길한 정적이 고객과 나 사이에 흘렀습니다. 1초, 2초, 3초.

"카페요? 허허… 허허헛!"

"기억의 상처는 아무리 찾아도 없어서…."

말끝을 흐리면서 내가 뭐 잘못했나 싶었습니다. 혹시 불호령이 내리는 거 아닐까 하는 조바심도 일었습니다.

고객은 몇 번의 헛웃음 뒤에 이렇게 말했습니다.

"아가씨, 기억의… 상처. 허허… 허허헛! 기억의 상처가 아니라…."

그랬습니다. 저의 불길한 예감은 적중했습니다. 기억의 상처가 아니었던 거죠. 정부기관 중의 '기획예산처' 라는 기관명을 '기억의 상처' 로 알았던 거였습니다. 지금은 재정경제부와 기획예산처가 하나로 통합되어 '기획재정부' 라는 명칭으로 바뀌었지만 말입니다.

'아웅… 이렇게 창피할 수가….'

그러나 고객은 끝까지 화를 내지 않았습니다. 대단히 죄송하다는 말을 몇 번이나 하고서는 기획예산처를 제대로 검색해서 안내해 드렸습니다.

괜찮다고 하시던 중저음의 바리톤 음색이 너무도 멋지게 들렸던 그날이었습니다. 저는 그날 이후로 정부기관이나 민간단체를 문의하는 고객의 말에 귀를 더욱 쫑긋 세워야 했습니다.

오늘도 고달픈 하루 일과를 마치고 집으로 향합니다.

집에 막 들어서자마자 어머니께서 절 보시더니,

"이제 오니? 고생했다. 아까 은경이 젖 나왔더라."

"엥? 은경이 젖이 나왔다구요?"

결혼한 지 이제 막 한 달쯤 되어 가는 사촌동생 은경이가 벌써 젖이 나온다구? 아직 임신도 안 했을 텐데… 이게 무슨 소리지?

이런 엉뚱생뚱한 생각을 하고 있을 때 어머니께서,

"얘가… 전화왔었다니까… 무슨 젖이 나왔다고 그런다니?"

오~ 마이갓! 제 귀에 문제가 있는 건가요?

주여, 제게 멀리 있는 소리도 또렷이 잘 들을 수 있는 소머즈의 귀를 주시옵소서… 간절히… 간절히 원하옵니다. 아멘~

수기 공모 우수상 수상작(DA 부문)

아찔한 방송 출연

서울 114본부 _ **이진영**

ktis always with you

그날은 작은 추석연휴가 끝나는 날이었습니다.

철도와 병원, 약국 등 정신없이 휘몰아치던 문의호가 어느 정도 진정되던 저녁 7시 즈음… 살짝 숨을 돌려 따뜻한 물 한 모금으로 몸과 마음에 쉼표를 찍어주고 있던 그때였습니다. 제가 근무하고 있는 곳은 '생활안내과'라는 부서로 앞서 말한 철도, 병원, 약국, 외국어, 공연 등 고객의 생활편의를 위한 부서입니다.

외국어 전담석으로 들어온 문의호로 '외국인'이라는 선명한 세 글자가 인입호에 띄워져 있었습니다. 첫 인사가 'Hello~'로 인사하며 여성 고객님이 감사하게도 친절한 발음으로 '미국대사관'을 문의하시더군요. 다른 날과 같이 번호를 부르는데 갑자기 들려온 남성의 목소리가 심장을 멎게 했습니다.

"여기는 KBS 미수다 녹화 현장입니다. 저는 미수다 MC 남희석입니다."

이런! 이런! 지금 이건 무슨 상황인지… 상황 정리가 되기도 전에 속사포 같은 질문들과 게스트들과의 대화 유도까지 정말 공황상태에 빠져 있었습니다.

저에게 미국대사관을 문의했던 외국분은 평소에도 이쁘고 걸죽한 부산사투리를 구사하는 미국 아가씨 비앙카였는데 정말로 친절하게 블라블라 굴러가는 영어가 아닌 단박에 알아들을 수 있도록 '미국대사관'이라 또박또박 물어봐 줘서 얼마나 다행스럽고 감사하던지…. 거기서 어려운 단어들이 나왔다면… 휴~ 상상도 하기 싫은 일들이 벌어졌을 텐데요…. 지금 생각해도 정말 비앙카 양에게 감사할 뿐입니다. 남희석 씨가 샤이니의 온유를 바꿔주며 인사하라고 하는데 인사는 필요 없고, 빨리 끊어 주시지… 흐르는 식은땀을 보여줄 수 있다면 좋겠더군요. 전화는 끊지 않고 이것저것 말시키는 남희석 씨가 너무 야속하고 미웠습니다.

저는 들리는 대로 대답했을 뿐입니다.

힘없는 상담원이라 안내 외에는 부담스럽습니다. 하지만 통화는 계속 이어지고 온유가 노래 한곡 해준다면서 '누난 너무 예뻐~' 하는데 전 정말 기쁨을 말로 표한할 수 없어 할 말이 막히며 식은땀만 '주르륵~'

이날 흘린 식은땀으로 몸무게가 반 이상은 줄지 않았을까 싶었습니다. 아이돌 가수 중 가창력이 최고였습니다. 거기다 대고 "감사합니다"라는 말만 되뇌이다니… (정말 두고두고 후회되는 일은 "온유 씨도 넘 멋있어요" 이런 센스 있는 멘트를 날려야 했는데… 그럴 정신이 없어서 그저 "네 감사합니다"만 연발하다니… 그때만 생각하면 지금도 얼굴이 화끈화끈거리고 이 누나 마음은 그때 온유가 가져갔다고 해도 과언이 아닙니다.)

그러고 나서 남희석 씨가 앞으로도 외국인들에게 친절한 안내를 부탁한다며 전화를 끊어준 것만으로도 얼마나 감사하던지….

저랑 같이 근무하던 동료가 무슨 전화인데 그렇게 쩔쩔 매냐며 물어보는데 띵~한 머리로 "나 지금 방송 출연했따…."

한마디로 10분 정도 멍~했던 아찔한 경험이었습니다.

저희는 언제, 어떤 계기로 방송에 출현할지 모르나 항상 친절하게 한 콜 한 콜 정성스럽게 전화 상담을 해야 한다고 절실히 느끼는 시간이었습니다.

수기 공모 우수상 수상작(DA 부문)

검거에 협조해 주십시요!

강원 114본부 _ **김주현**

k t i s a l w a y s w i t h y o u

여러 해를 114에서 근무하고 있지만 늘 새로운 사람들을 만나고 여러 가지 다양한 상황들을 맞닥뜨리게 되곤 한다. 때로는 사회에 이슈화되고 있는 것에 대해 자연스럽게 습득할 수 있는 곳이 나의 직장이 아닐까 싶다.

TV에 맛집이 나온 날이거나 KBS의 '1박 2일' 프로그램에서 '속초의 아바이마을', '정선의 레일바이크 타는 곳'이 방영된 후에는 어김없이 전화기에 불이 난다.

남아공 월드컵의 한국전에는 어김없이 치킨집을 찾는 전화로 월드컵의 열기를 느낄 수 있을 만큼 114는 사회 전반에 깊숙이 관여해 있다고 해도 과언이 아니다.

요즘 들어 종종 기사화되는 내용 중 하나는 아동 성폭력에 대한 이야기들이다. 심각한 사회문제이지만 그다지 와 닿지는 않았다. 무심히 보고 읽어 내려가곤 했던 일들이었는데 그 문제로 최근에 황당하면서도 헛웃음이 나오게 하는 일이 있었다. 이 일련의 상황을 듣고는 '114가 사람들에게는 모든 것을 할 수 있는 곳으로 인식되어 있구나'라고 다시 한 번 느낄 수 있는 계기가 되었다.

문제의 내용인즉, 2010. 7. 3 한 통의 전화가 114로 걸려 왔고 우리 사무실 팩스 번호를 묻는 고객의 전화에 여느 때처럼 번호를 안내했다. 곧이어 팩스를 받았는지의 여부를 확인하는 전화로 상담석으로 전화가 이첩되어 왔다.

고객이 보낸 팩스의 내용은 요즘 사회면에 자주 나오는 '동대문 아동 성폭력 용의자 현상수배 전단지'였다. 번호를 잘못 듣고 여러 번 도전 끝에 팩스를 넣었다는 고객께서는 "팩스를 보낸 이유는 114 직원들이 널리 퍼져 있으니 범인을 잡는 데 도움이 되지 않겠습니까? 범인을 빨리 잡아야 우리가 편안하게 살죠. 검거에 협조 부탁드립니다" 라고 말했다.

"참고해서 공유하겠습니다" 라는 말로 응수했고 일단락되는 듯했지만 잠시 후 또다시 걸려온 두 번째 전화에도 "다시 한 번 검거에 협조 부탁합니다. 경찰서는 난리가 났고, 경찰관의 위상이 땅에 떨어졌습니다. 범인을 강원도에서 잡아야 강원이 잘 발전하잖아요. 마지막으로 꼭 잡읍시다, 우리~."

전화를 끊고 심각하게 받아들여야 할지 하나의 에피소드로 생각해야 할지 헛웃음만 나왔다. 고객이 보내준 현상수배 전단지에 낙서처럼 쓰여져 있는 "아주, 창피해 죽겠어요!" 라는 글귀는 보는 내내 웃음 짓게 했다.

위 사례에서 보듯 114는 모든 것을 해결할 수 있는 곳, 가까이에 언제든 도움을 청할 수 있는 곳으로 사람들 인식에 깊이 새겨져 있는 것이 아닐까 하는 생각이 들었다.

판도라의 상자를 열었을 때 마지막 남아있던 단어가 '희망'이었듯이 모든 정보를 제공하고 희망까지 제공하는 114가 되도록 노력해야 할 것 같다.

수기 공모 장려상 수상작(DA 부문)

樂! 樂! 樂!

경기 114본부 _ **배신혜**

ktis always with you

겉에서 보기에 우리는 늘 쳇바퀴를 돌 듯 같은 일을 반복하는 듯이 보일 수 있다. 단조로운 일, 반복적인 일 그러나 실상을 들여다보면 우리의 일만큼 다양하며 흥미진진하고 자극적인 일은 없다.

그 예로 우리가 만나는 고객들 중 같은 고객을 다시 만나는 일이 흔치 않은 데서 볼 수 있다. 서로 다른 개성과 각기 다른 성향을 지닌 고객들을 하루에 일천 명 넘게 안내를 하면서도 그 일천 명이 다 새로운 고객이라니….

대한민국에서 하루 일천 명의 새로운 고객을 마주하는 직업은 우리뿐이지 않을까? 어깨도 으쓱, 은근 자부심이 느껴지는 기분!

일부 전화 문의하시는 고객분들이 우리는 단순 전화번호만 알려준다고 착각들을 많이들 하시는데 천만의 말씀이다. 114 안내를 하다 보면 고객분들은 우리에게 예상치 않았던 말씀을 하시는 분들도 많다. 그러다 보니 우리는 고객의 희, 노, 애, 락, 분노, 애환마저도 몇 초의 짧은 통화로 충분히 함께하곤 한다.

어찌하랴! 도둑이 들었는데 생각나는 번호는 114! 신속한 신고로 이어져 도둑을 잡았으니 우리의 뿌듯함도 경찰 못지않은 이 맘을.

때론 우리를 웃게 만들고 때론 눈물이 고이게 하고, 때론 CSI에 목메게 하는 고객분들도 있지만 고객이 있어 우리가 있는 법!

나를 필요로 하는 고객을 만난다는 설레이는 가슴으로 하루 하루를 즐겁게!

"반갑습니다, 고객님!"

"감사합니다, 고객님!"

"사랑합니다, 고객님!"

우리의 울고 웃었던 경험담 중 이왕이면 우리의 웃음을 담아낸 사연을 하나 소개할까 한다.

사례 1〉

상담원 : 반갑습니다, 고객님!

고객 : 네~ 벼룩이 시장이요.

벼룩시장을 이렇게 물어보신다.

사례 2〉

상담원 : 반갑습니다, 고객님!

고객 : 수원에 밥스요.

상담원 : 수원에 밥스세요? 밥스는 나와 있지 않습니다. 어떤 업종이세요?

고객 : 나 원 참, 아가씨! 밥스가 왜 없어요?(영어 철자 VIP'S를 부르면서) 밥스 몰라요?

상담원 : 아~ 예, 안내해 드리겠습니다.

수기 공모 장려상 수상작(DA 부문)

명동에 미용실이 많나요?

서울 114본부 _ **김혜숙**

ktis always with you

114에 입사해서 한 달쯤 되었을 때입니다.

나이 지긋한 중년 남성이 명동에 있는 미용실을 찾으시더군요.

미용실 상호를 물어보니 모른다고 하시면서 명동에 미용실이 많냐고 물어보셨어요.

번호가 100개는 넘는 것 같았어요. 난처했습니다. 번호가 너무 많아서 이름을 모르면 찾기 힘들 것 같다고 말씀드렸지만 전화를 끊지를 않았어요.

별생각 없이 이름을 불러드리면 기억나시겠냐고 물어봤어요.

'왜 그랬을까?' 순간 후회했어요.

고객은 들으면 알 것 같다고 하셨고, 첫 번째 미용실 이름 '박○○미용실'을 부르는 순간 영어로 된 이름이라고 얘기했어요.

'에이, 그냥 못 찾겠다고 할걸 괜히 이름 불러준다고 해가지고….'

제오 헤어, 자스리 미용실, 헤어 아쿠아, 보스코 헤어, 헤어 아뜨리에 등등.

모니터에서 영어로만 된 상호를 찾으려니 짜증이 점점 더 커졌고, 대여섯 개만 불러드리면 포기하겠지 생각했는데, 어느덧 시간은 3분을 지나고 있었어요. 모니터 화면이 한 페이지를 넘어가고 두 페이지로 넘어갈 때 드디어 미용실을 찾았습니다. 혹시나 자동응답으로 나가면 번호를 못 적을까 봐 천천히 불러드렸습니다. 사실은 또 전화할까봐 불러드린 거죠.

'다음에는 절대로 안 불러준다. 오늘 건수 채울 수 있을까?'

그리고 며칠이 지나서 아침조회 때 과장님께서 명동에 있는 미용실을 안내해 준 상담원을 고객이 찾는다면서 여러분 중에 없냐고 물어보시더군요.

나설까? 말까? 고민하는데 과장님께서 하신 말씀.

"여러분 중에는 없죠?"

그 말을 듣는 순간 나갈 수 없었어요.

그 후에 그분의 사연을 들었습니다. 고객님의 부인이 투석을 받으시며 투병 중이었는데, 그날 기분전환 겸 따님과 미용실에 가셨대요. 하필이면 그때 병원에서 신장을 기증받아 이식수술을 해야 하니 빨리 병원으로 오라는 연락을 받으셨답니다. 시간 내에 도착하지 않으면 신장이 손상되어 이식할 수 없다고 하더군요.

다행히 제 시간에 도착해서 수술을 잘 받았고, 114 덕분이라고 그 상담원을 꼭 찾고 싶다고 하시더군요. 마음이 뿌듯했습니다.

몇 년이 흐른 지금, 갑자기 궁금해지네요. 수술받으신 분은 잘 지내고 계실까요? 저도 그분에게 고맙다는 말을 전하고 싶습니다.

그 일이 있은 후 114에 대한 자긍심도 높아지고, 무례한 고객을 만날 때면 그 일을 생각하면서 화를 참을 수 있었어요. 114 일을 그만두고 싶거나 힘들 때면 그분을 생각하면서 버틸 수 있었어요.

에피소드 1 : 때와 장소를 가리지 않는 114 안내

모처럼 쉬는 날 집에서 머리를 감고 수건을 머리에 두르고 빈둥거리고 있었다. 따리링 전화벨이 울리고, 무심결에 전화기를 들고,

"네, 고객님?"

'허걱, 내가 무슨 말을 한 거야? 아니야 못 들었을 거야….'

남자 : 대한항공이죠?

나 : 아닙니다. 고객님, 대한항공은 1588-2000입니다.

남자 : 미안합니다.

나 : 감사합니다.

에피소드 2 : 미역국은 어떻게 끓이나요?

나 : 반갑습니다, 고객님!

젊은 남자 고객분이 조심스럽게 물었습니다.

고객 : 저기요, 죄송한데요….

나 : 네~ 고객님!

고객 : 114에 이런 걸 물어도 될지 모르겠는데요. 혹시 미역국 어떻게 끓이는 줄 아세요? 제가 미역국을 끓여야 하는데 방법을 몰라서요.

(순간 당황스러웠지만 너무나 진지한 고객님의 태도에 모른다고

발뺌할 수 없었다.)

나 : 음… 우선 미역을 물에 담가 불려 놓으시구요, 참기름을 약간 두르고 쇠고기를 볶으신 후에 물 붓고 끓이시고, 간장으로 간 맞추시면 되요.

당황한 나머지 설명하는 내 목소리는 점점 작아졌고, 고객은 나의 요리 실력에 대해 의심을 하기 시작했다. 사실 결혼한 지 얼마 안 돼서 미역국은 나도 서너 번밖에 끓여보지 않았던 시절이었다. 지금은 대장금 정도는 아니어도 가끔은 내 맛에 감동할 때도 있지만 그때는 미역국을 끓이면 바닷물 맛이 났었다.

고객 : (의심스러운 목소리로) 아~ 네….

전화를 끊고 나서야 생각이 났다. 편의점에 가면 즉석 미역국 파는데….

에피소드 3 : 아가씨 잘 안 들려? 우리나라 말 몰라?

이번에는 싸가지 없는 젊은 남자 고객이었다. 전화 통화하는 순간 바로 느꼈다.

고객 : 아가씨!

나 : 네~ 고객님!

고객 : 장가다방

나 : 네, 장가다방 말씀이십니까?

고객 : 아니, 장가다방

나 : 네, 고객님. 장가다방 말씀이세요?

고객 : 아니, 이 아가씨가. 장가다방이라고!

나 : 네, 고객님. 제가 장가다방이라고 말씀드렸는데요. 안 들리세요?

고객 : (고함을 빽 지르며) 아니, 이 아가씨가 귓구멍이 막혔나? 안 들려? 우리나라 말 몰라? 장가다방, 장가다방이라고!

정말 울고 싶었다. 고객은 몇 번을 소리치고, 나한테 열여덟 XX라고 욕을 하기 시작했다.

그런데 다른 남자 고객이 전화기를 빼앗더니,

"아가씨, 짱가다방이요!"

그때 알았다. 경북 내륙지방에서는 된소리 발음이 안 된다는 사실을. '쌀'은 '살'로 '짱가'는 '장가'로 발음한단다.

그래도 나는 억울하다. 지금 생각해도 또 울화가 치밀어 온다.

고객님! 저 잘 들려요. 우리나라 말 잘 안다구요!

수기 공모 장려상 수상작(DA 부문)

나는 줄임말이 싫어요

서울 114본부 _ **김현미B**

TV에서 개그맨 김영철이 “네네~ 고객님” 이란 유행어로 유명해졌던 그 무렵에 114에 입사했다. 고객이 문의하는 대로 검색해서 안내하면 되는 간단한 업무인 줄 알았는데 막상 114 안내원이 되고 보니 서울, 경기 지역명을 외워야 하고, 어디에 뭐가 유명한 곳인지, 상호를 검색하는 방법, 키보드 조작법 등등 공부할 게 많았다. 예를 들어 고객은 ‘중앙아산병원’ 또는 ‘현대아산병원’, ‘잠실에 아산병원’, ‘정주영병원’ 등 다양하게 문의하지만 우리는 ‘풍납동에 서울아산병원’ 을 안내해야 한다는 것을 배웠다.

한 달의 교육기간을 마치고 실전에 들어가서 고객을 만나던 어느 날 나를 당황하게 만드는 일이 있었다.

“안녕하십니까? 고객님~”

지금은 “사랑합니다, 고객님”을 거쳐 “반갑습니다, 고객님”이 됐지만 내가 입사했을 때는 “안녕하십니까, 고객님” 하고 첫인사를 했다.

“영일동 사무소요.”

굵고 낮은 50대 아저씨 목소리였다.

나는 서울에서 영일동 사무소를 검색했지만 등록되어 있지 않았다. 근무한 지 얼마 안 된 신입이라 첫 검색에서 나오지 않으면 긴장되기 마련이었다.

'서울이 아닌가?' 전국에서 영일동이 어디 있나 검색을 해봤지만 역시 등록되어 있지 않았다.

고객님을 계속 기다리게 할 수는 없어서 떨리는 목소리로 고객님께 다시 확인해 보기로 마음먹고 여쭤보았다.

"고객님, 죄송합니다. 영화관할 때 '영', 일요일할 때 '일' 해서 영일동이 맞습니까?"

"네!"

아~ 야속하게도 고객님은 "네" 라고만 할 뿐 다른 힌트를 주지 않았다.

다시 한 번 지역 확인을 해봤다.

"서울에 있는 동인가요?"

"아니, 이 아가씨가 영일동을 몰라서 서울이냐고 물어? 거기 서울 아니야?"

고객님이 버럭 화를 내셨다.

더 물어보기가 겁나지만 이렇게 화내시는 거 보면 있는 것 같은데 안내를 안 할 수는 없고 해서 용기를 내서 기어들어가는 목소리로 다시 한번 여쭤보았다.

"네, 서울 114 맞습니다. 고객님, 죄송합니다만 어느 구에 있습니까?"

"어허~ 이 아가씨, 114 안내원 맞아? 영일동도 모르면서 어떻게 그 자리에 있는 거야? 어디긴 어디야? 영등포구에 있지. 영등포구 영등포 1가동도 모르면서 뭘 한다는 거야? 아가씨, 서울사람 맞아? 베트남에서 왔어?"

'엉? 영일동이 영등포 1가동이라구?'

"고객님, 정말 죄송합니다. 영등포1가 동사무소 말씀이십니까?"

"네, 안내해 드리겠습니다."

무사히 안내를 마치고 한숨 돌리며 놀란 가슴을 쓸어내렸다.

한 달간 교육을 받았지만 줄임말까지는 배우지 못했고 생각도 하지 못한 거라 야단맞으면서 한 가지 배우게 됐지만 그때의 당황스러움이란….

이제는 근무한 지 8년차가 되어서 고객이 '멸치화재'라고 해도 '메리츠화재'를 안내할 수 있는 노하우가 생겼지만 지금까지도 줄임말은 나를 당황하게 만든다.

며칠 전에 있었던 일이다.

"반갑습니다, 고객님?"

"예당이요."

20대 초반의 앳된 여자 고객님이다.

"네, 예당이십니까? 어느 지역에 있습니까?"

"서초예요."

'이상하다. 서초동에는 예당이라는 상호가 등록이 안 되어 있는

데….'

예당은 안 되어 있지만 예당으로 시작하는 상호가 여러 개 있어서 업종을 여쭤보았다.

"죄송합니다, 고객님. '예당' 이란 상호가 등록되어 있지 않습니다. 뭐하는 곳입니까?"

"뭐하는 곳이라니요? 예당 모르세요? 예술의 전당!"

"아~ 네, 안내해 드리겠습니다."

또 새로운 줄임말 하나를 배웠다. '예당.'

이승복은 공산당이 싫다고 했지만 나는 줄임말이 싫다.

"고객님, 줄임말이 싫어요~ 풀어서 얘기해 주세요, 네~."

수기 공모 장려상 수상작(DA 부문)

사람 냄새 나는 정겨운 114에서 삽니다

경기 114본부 _ **강윤희**

k t i s a l w a y s w i t h y o u

상담 팀에서 일한 지도 만 7년이 넘어가고 있다.

언제 이렇게 시간이 흘렀을까. 하지만 아직도 우리를 찾는 고객들은 여전하다.

전화요금이 왜 이렇게 비싼가? 안내는 왜 또 불친절한가? 빨리빨리 번호를 안 가르쳐준다. 번호를 잘못 알려줬으니 요금 빼달라 등등 비가 오면 오는 대로 눈이 오면 오는 대로 또 날씨가 더우면 더운 대로 추우면 추운 대로 여전히 고객들은 1년 365일을 변화무쌍하게 우리에게 알려주고 계신다.

안내를 하던 때에도 다양한 고객들이 많았다.

"우리 집 전화가 잘 안 되어서 고장이 났는데요~" 하며 충청도 사투리로 구수한 문의를 하시던 아주머니.

"고객님, 전화가 어디꺼세요?" 하고 되묻자

"응, 부엌케꺼!!" 하시는 고객님.

우린 통신사를 확인하려고 했던 거였지만 참 신선한 발상으로 10년이 지난 지금도 기억에 남는 고객이시다.

또 귀가 잘 안 들리시고 이가 빠지셔서 말씀을 잘 못하시는 할아버님께서 전화를 하셔서 중국집을 문의하시는데 상호를 잘 못 알아듣자 우리 상담원이 쉽게 말씀드린다는 것이 "고객님! 용용 죽겠지 '용' 자 하고 오리궁데이 할 때 '궁' 자, '용궁' 맞으세요?"

하하! 상담원의 재치라고 해야 하나? 아무튼 할아버님은 "응, 그랴 그거!" 하시면서 열심히 번호를 불러주는 상담원에게 고맙다는 말씀을 하시면서 전화를 끊으셨다.

지금에서야 생각이지만 참 기가 막힌 응대였다고 생각하지 않을 수 없다.

밤늦은 어느 날 욕설을 하시며 등장하신 우리 고객님! 한 달을 넘게 밤마다 전화번호를 물어보시며 시비를 거시는 고객이었다.

"내가 고지서를 봤는데 나 요금 못 내겠으니 돌려 달라. 나 전화번호 제대로 안내 받은 것이 없으니 요금 돌려 달라" 시는 거였다.

한 달을 괴롭히고 욕설에 장난에 음담패설에 '우리가 당신하고 놀아주는 사람이야' 라는 말이 목 위까지 찼으나 차마 그렇게는 못하고

"고객님, 고객님께서 사용하신 요금은 정상적으로 안내받으신 것과 미등록 안내임을 확인한 내용이므로 요금은 정상 처리되었습니다. 고객님께서 요금을 내시는 것이 맞습니다."

그렇게 말씀드리자 그 고객은 하루가 멀다 하고 매일 밤마다 나와 우리를 괴롭히기 시작했다. 자신이 교도소 출감한 지 얼마 안 되었다는 등의 내용을 말하며 당신들을 가만히 두지 않겠다고 했다.

일주일째 계속 같은 말의 반복으로 야간 상담원들은 지쳐 가고

있었다. 성의 없는 말투로 그 고객과 대화를 한다.

문득 고객이 "누나!" 하며 부른다.

"내가 감방 갔다 와서 어디 갈 때도 없고 취직 좀 하려고 하는데 건강진단서를 내야 해요~ 근데 그게 3만 5천 원인데 돈이 없어서 못 받고 있어요~ 나 전화요금 5만 원 안 받아도 되니까 그것만 붙여 주시면 안 되요?"

돈을 요구하는 고객! 우린 너무나 걱정이 되었다. 이런 저런 고객들을 다 받아보지만 돈을 요구하는 고객은 처음이었다. 많은 고민을 했다. 봉사차원으로 고객에게 사회에서 적응하시라고 3만 5천 원을 부쳐드렸다.

며칠 후 "누나! 너무 고마워요. 나 취직됐어요. 이제 다시는 114에 나와서 시비 안 걸고 착하게 사회에서 일하면서 살려구요. 고마워요, 누나!"

비록 밤늦게 욕을 먹어 가며 한 달을 넘게 고객과의 사투에서 지쳐 가고 있었지만 그래도 사회에 적응해서 노력해 보겠다는 고객에게 적은 힘이 되었다는 것이 7년 가까이 지난 지금도 뿌듯하다.

우리 팀으로 연결되는 고객들은 성향이 다양한 관심 고객들이 많다. 자신에게 너무 친절하게 대해 줬다며 고맙다고 직접 농사를 지으신 감자며 호박을 보내겠다는 고객, 또 술에 취하시면 나오셔서 나한테 시집오라고 하시는 고객, 뇌수술을 해서 몸 상태가 온전하지 못하다며 한탄을 하는 고객, 전화번호를 육성으로 안내해 주지 않았다며 높은 사람 바꾸라는 고객, 직접 연결을 안 해줬다며 시비 거는 고객 등등 하루에도 열두 번 큰 숨을 들이마시고 이러한 고객들과 만난다.

"딴 데는 전화하면 기계가 받아서 뭘 물어볼 수가 없어" 라고 하시는 어느 할머님의 말씀을 깊이 생각해 본다. 전화번호 문의가 아닌 다른 문의로 전화를 거셨지만 오죽 사람과의 대화를 원하셨으면 그러셨을까 하고 자세한 대답을 해드린다.

지금은 인력감소로 인해 ARS로 받는 기업들이 대다수이지만 114는 사람이 받아서 너무 좋다는 그 할머니의 말씀!

대한민국에서 114는 모든 국민의 비서이자 친구이지 싶다.

빠른 서비스로 전화번호를 안내하며 이러 저러한 고객들의 민원을 처리하며 느끼는 사람 사는 냄새가 배인 곳.

오늘 아침도 날씨가 이렇게 덥고 짜증나는데 고객들이 많이 들어오겠지… 하며 시작한다. 한동안은 이런 고객들이 많을 것 같다. 그러나 언제나 그래 왔듯이 또 활기차게, 불편하게 느끼는 고객들을 114의 단골이 되도록 힘내야지 하며 하루를 시작한다.

오늘도 파이팅! 114 파이팅! 고객상담팀 파이팅!

수기 공모 장려상 수상작(DA 부문)

그 XXX 같은 년 바꿔~

강원 114본부 _ **임정현**

k t i s a l w a y s w i t h y o u

1998년 전국적으로 국번이 통합되며 일괄 변경되어 한참 문의호가 증가하여 몇 시간씩 초과근무를 할 때의 일이다.

그날도 평소와 다름없이 솔~음의 "안녕하십니까~"를 복창하며 고객 한 분 한 분을 맞이하고 있었는데 저녁 6시경쯤 횡성군에 거주하시는 나이 지긋하신 할아버님 고객과 연결되었습니다.

"그 XXX 같은 년, 누구야~"

연결되자마자 욕설을 하시는데 그 콜을 처음 받는 나로서야 그 XX년이 누구인지 알 재간이 있나, 그저 고객님 하시는 욕 다 들으며 상황파악을 하려고 귀를 쫑긋 세우고 있었다.

아~ 이 할아버지 고객님! 어찌나 욕이 심하시던지 당췌 욕이 끊이질 않으시더이다.

내 생전 처음 들어보는 희한한 욕들도 많이 하시는데 어찌 그리 다양한 욕들을 많이 알고 계시는지 만약 욕에 관한 대회가 있다면 일등은 따놓은 당상일 듯하였다.

사건의 내용인즉슨,

나 : 고객님 무슨 일 때문에 그러시는데요? 상황을 말씀해 주시면

제가 다시 잘 안내해 드릴 게요. 혹시 번호를 잘못 받으신 건가요?

할아버지 : 그년 누구냐니깐? 그 XX년 누구야, 바꾸라구!(고래고래)

나 : 좀 전에 통화하신 상담원이 누군지 확인을 할 수가 없습니다. 죄송하지만 저한테 말씀해 주시면 제가 해결해 드릴게요. 무슨 일인지 말씀 좀 해주시겠어요?

할아버지 : 아 글쎄, 그년 바꾸라니까? 그 나쁜 년 누구냐구? 순 거짓말만 하는XX 같은 년 바꿔~(버럭버럭).

나 : 죄송합니다. 고객님 좀 전에 통화하신 상담원이 누군지 확인이 안 되요. 제가 잘 해결해 드릴 테니 저한테 말씀해 주시겠어요.

(속에선 화가 부글부글 끓어오르지만 어쩌겠는가. 최대한 상냥한 목소리로 말씀드릴 수밖에….)

할아버지 : 그년이 내가 맨날 거는 곳인데 없다 그랬단 말이야. 그 나쁜 년 바꾸라니까?

나 : 어디다 전화를 거셨는데 없다고 하시던가요. 안내받으신 곳 상호를 좀 말씀해 주시겠어요. 혹시 다른 번호 있나 제가 찾아봐 드릴 게요.(음… 아무래도 상황이 번호를 엉뚱하게 누르시고 통화 안 된다고 하시는 듯하군….)

할아버지 : 아 글쎄, 그년이 없다구? 왜 맨날 통화하던 곳인데 없길 왜 없어, 어제도 통화했구만!

나 : 어디가 없다고 하시던가요? 그쪽에서 전화받아서 뭐라고 하셨어요? 고객님께서 찾는 데가 아니신 다른 데가 나오셨어요? 그쪽

에서 뭐라고 하셨는지 저한테 좀 말씀해 주시겠어요?

할아버지 : 그년이 내가 맨날 하는 덴데 국번이 없는 거라고 지 혼자 말하고 전화를 끊어 버리잖아! 어디 어른이 말하는데 전화를 끊어 끊길, 배워먹지 못한 년 같으니라구! 내 오늘 그년 버르장머리를 고쳐 놓을 거야!

(헉! 이럴 수가 국번이 없거나 결번이라…. 국번호가 광역화 통합되면서 기존 국번으로 전화를 거셔서 "국번이 없거나 결번이오니 확인하신 후 다시 걸어 주십시오" 라는 ARS 음성 멘트가 나오는 걸 들으시고 사람이 말하고 끊었다고 생각하시는 것이었다.)

나 : 할아버님, 그건 사람이 아니구요. 오늘부터 국번 앞에 3번이 추가되어서 어제 거시던 번호는 통화가 안 되신 거예요. 컴퓨터가 그렇게 말한 거예요. 사람이 아니에요. 국번을 342국으로 하시면 전화가 잘 걸릴 거예요. 그렇게 한번 해보시겠어요.

할아버지 : 엥? 42가 아니구 342로 걸라고? 알았어. 내가 그렇게 다시 해볼게. 그리고 그년 누군지 다음에 또 그러면 나한테 혼날 줄 알어. 오늘은 내가 아가씨 봐서 이쯤에서 참는 거야.(헉! 컴퓨터를 혼내주시겠단다. 이를 어쩌나. 그나저나 참아주셔서 대단히 감사합니다) 뚝~~~(전화 끊김)

국번호 광역화 통합되면서 결번방송 나오는 걸 114상담원이 그랬다고 생각하시고 그렇게 고래고래 소리 지르시며 욕을 하신 것이었다. Call이 끊기고 나서 어찌나 황당하던지 욕먹어서 기분 나쁜 거보다 어이가 없어서 웃음이 나오더군요. 벌써 13년이나 된 일이지만 입사한 지 얼마 안 돼서 겪었던 황당한 사건이라 아직도 잊혀지질 않네요.

지금이야 세월이 많이 흘러서 이렇게 추억으로 떠올리며 웃을 수 있지만 그때 당시는 어찌나 황당했던지 옆에서 일하던 동료들에게 들려주었더니 다들 휴게실에서 데굴데굴 구르며 웃었던 기억이 나네요.

그 할아버지 설마 아직도 컴퓨터랑 사람을 헷갈려 하시는 건 아니겠죠?

수기 공모 장려상 수상작(DA 부문)

네 이름이 정녕 멸치이더냐!

경기 114본부 _ **왕미라**

kt is always with you

입사 후에는 생소한 지명과 상호들을 알아듣느라 귀가 한참 고생한다고들 한다. 고객이 개떡같이 얘기해도 찰떡같이 알아들어야 하는 게 상담원이거늘.

창밖은 아지랑이가 피어오르는 따뜻한 봄날, 점심을 먹고 춘곤증과 무아지경의 결투를 벌이고 있던 날 정신이 번쩍 들게 해주신 할머니가 계셨다.

고객님 : 나~ 뭐~ 좀 물어볼라구~.

상담원 : 네~ 말씀하십시오~. 고객님 ~~.

고객님 : 멸치보험 좀 알려줘~.

(꽁치, 가물치도 아니고 멸치보험이래? 설마~)

하지만 내 목에 칼이 들어와도 복창은 해야 하기에,

상담원 : 네~ 멸치보험 말씀이세요?

고객님 : 그려~.

(허걱~ 멸치보험이 맞다네~ 멸치보험은 없는데. 하~ 할머니 도대체 뭘 찾는 거야?)

상담원 : 고객님, 멸치보험이라고는 없는데 보험회사는 맞으세

요? (그런데 웬일이니… 할머니가 버럭 화를 내시며) 아침에 울 아덜이 갈쳐 주고 갔는디 읍기는 왜 읍써~ 어!

그 순간 내 머리에 새 한 마리, 꼬리에 메리츠~를 달고 날아가고 있네.

"옳타꾸나! ~ 메리츠~~."

상담원 : 고객님, 혹시 메리츠 화재 아니세요?

고객님 : 멸치나 메리츠나 그게 그거지 뭘 자꾸 맞냐 물어봐~ 언능 갈쳐주지~

상담원 : (터져 나오는 웃음을 참으며) 네~! 안내해 드리겠습니다.

종종 고객님들만 아는 줄임말이나 비스무리하게 상호를 말하고는, 우리가 단번에 딱 안내해 주면 친절한 상담원, 잘못 알아들으면 불친절한 상담원이 된다. 언제쯤이나 내 귀가 뜨여 찰떡같이 잘 알아듣게 될까?

귀야~ 귀야~ 고생스럽겠지만 언능 좀 뜨여다오~ 부탁이야!

두 손 모아 기도하고, 나는 오늘도 고객님 만나러 다시 고고씽!

수기 공모 우수상 수상작(CB 부문)

다시 한번 말씀해 주시겠습니까?

스카이라이프 광주고객센터 _ **송선희**

k t i s a l w a y s w i t h y o u

늦은 점심으로 정신은 이미 꿈나라를 헤매고 있을 무렵, 따르릉 소리와 함께 무의식적으로 통화 버튼을 눌렀습니다.

상담사 : 안녕하십니까? ○ ○ ○ 입니다

고객 : 신호 미약이라고 시청이 안 되는데요.

서당개 3년이면 풍월을 읊는다고 '신호 미약' 이라는 고객의 말에 '뭐 이 정도야' 라고 생각하고 눈을 감고 조치사항 상담을 시작했습니다.

전기 코드를 재연결해 달라는 제 말에,

고객 : 잠깐만요!

그러더니 3분이 지나도 안 오고 10분이 지나도 안 오고…

상담사 : 고객님! 고객님!

불러도 대답 없는 고객님을 향해 외쳤으나 돌아오는 것은 무응답뿐….

그런데 순간 저도 모르게 잠이 들고 말았습니다.

고객 : 아가씨! 안 되는데….

상담사 : 아~ 이나영!

고객 : 아가씨, 뭐라고?

잠깐 졸았을 뿐인데 꿈에 이나영이 나와서 저도 모르고 고객에게 이나영이라고 말하고 말았습니다. 순간, 아차 싶었습니다.

상담사 : 아닙니다.

순간을 모면했으나 기쁨도 잠시 A/S 접수를 안내하고 '이제 끝났구나' 했는데 당일 A/S 방문은 왜 안 되냐며 순한 양이었던 고객은 '년 시리즈'를 남발하면서 욕설을 하기 시작했습니다. 한번 나간 정신은 돌아올 줄 모르고 그 욕 또한 자장가로 생각하고 스르르 졸기 시작했습니다.

고객 : 야! 야! 너, 내 말 듣고 있어?

고객의 말에 얼른 정신을 차리고 아무 일 없었다는 듯,

상담사 : 죄송합니다 고객님! 다시 한번 말씀해 주시겠습니까?

고객 : 뭐라고? 이년이 욕을 먹고 싶어 작정을 했구만!

조느라 몰랐는데 고객이 '년 시리즈'를 남발하고 있었고 그런 고객에게 "다시 한번 말씀해주시겠습니까?" 라는 망언을 하고 말았습니다. 그 망언 때문에 그날 무병장수할 만큼 욕을 먹었습니다.

절대 근무시간에 졸면 안 된다는 뼈아픈 교훈도….

수기 공모 장려상 수상작(CB 부문)

저장 공간이 98% 남았습니다

서울보훈병원 콜센터 _ **박완정**

ktis always with you

나는 서울보훈병원 교환실 상담사다.

보훈병원은 국가유공자가 주로 진료를 보는 병원으로 물론 일반 환자도 있으나 대다수의 환자가 국가유공자와 그 가족이며, 남자 또한 진료환자 평균 연령대가 60대를 육박할 정도로 어르신 환자들이 유독 많은 병원이다. 입사하기 전까지는 이런 병원의 특징을 잘 몰랐다.

기존에 병원 직원들이 교환실 업무를 수행하다가 지난 4월부터 ktis 직원인 우리가 업무를 이어받게 되었다. 기존 직원들은 20~30년 이상 장기 근속한 베테랑 직원으로서 병원 내외부 사정 및 교환 일도 눈감고도 할 정도로 매우 능숙한 직원이지만, 같은 직무의 연속으로 약간의 매너리즘에 빠져있을 때쯤 새내기인 우리가 투입된 것이다. 그렇기 때문에 어깨가 무겁기도 했다.

'기존에 있었던 직원보다 못하다는 소리는 듣지 말자. 업무는 다소 미흡하더라도 친절을 모토로 가보자' 라는 생각으로 업무를 시작하였다. 교환실은 콜 특성상 한 콜의 콜 타임이 길지 않다. 짧지만 많은 콜을 빠르게 소화해야 하는 것이 업무의 특징이다. 또한 회선이 각 1인마다 8회선을 가지고 있어 동시다발(최대 8콜이 동시에 올 수도 있다)로 전화가 오면 완전 전투태세가 된다.

고객 입장에서는 통화 중으로 들리는 것이 아니라 전화를 안 받는 것으로 오해하게 쉽기 때문에 한 콜 한 콜 빠르게 처리하는 것이 최선이지만, 어쩔 수 없이 도중에 포기해야 하는 고객 콜도 생겨나게 된다.

주5일 진료이기 때문에 월요일이면 전쟁을 방불케 한다. 콜이 엄청 폭주하기 시작한다. 그날도 월요일이었다. 콜 폭주로 인해 정신없이 일을 처리하고 있을 즈음에 한 남자 어르신으로부터 전화를 받았다.

상담사 : 친절히 모시겠습니다. 보훈병원 교환실 박완정입니다.

고객 : 보훈병원에서 전화를 왜 했어?

상담사 : 네, 고객님. 혹시 발신번호 확인이 되시나요?

고객 : (언짢은 음성으로) 보훈병원에서 전화했다니까 왜 다시 묻노.

상담사 : 혹시 그러시면 진료예약이 되어 있거나 그러진 않으십니까?(우리 병원은 진료를 예약하면 다음날 14시에 고객 핸드폰으로 진료예약 문자를 전송해 드리는 서비스를 시행하고 있다. 그런데 어르신이다 보니 문자 메시지를 전화드린 것으로 오해하는 경우가 아주 다반사다.)

고객 : 어! 있어, 있어.

상담사 : 그러면 잊지 말고 오시라고 문자 메시지 보내 드린 겁니

다. 휴대폰을 다시 한번 확인해 보시겠어요.

고객 : 그래… 그래, 기다려봐!

(난 점점 초초해지고 있다. 고객 포기 콜이 막 생겨나기 시작하고 전화기는 받아 달라고 계속 울려댄다.)

한참 대기 후…

고객 : 아니야, 진료 보라는 내용이 아니야.

상담사 : 어떤 내용이신데요.

고객 : 머… 98% 머라 하는데?

상담사 : 그러시면 고객님, 내용을 그대로 읽어봐 주시겠어요.

고객 : 거 머시기 모라고 되어 있냐면… (더듬더듬 거리시면서) 저장 공간 98% 남았습니다. 이렇게 보냈어. 이게 무슨 진료 예약 했다고 잊지 말고 오라는 거야. 다시 알아봐 바!

상담사 : (뜨아!)

순간 머리가 띵했다. 저장 공간이 98% 남았다는 메시지 문자도 전화로 오인하신 어르신께 어찌 설명드리나 난감해졌다. 또한 터져 나오는 웃음을 참기도 힘들었다.

설명을 드리는 데 한참의 시간이 소요되었다. 울려대는 전화기를 보며 "고객님, 통신사로 문의하세요" 라는 말이 막 튀어나오는 것을 꾸욱 참으며 한참 반복 설명을 드린 후 결국 이해하신 듯 "알겠어, 알겠어" 하고 통화를 종료해 주시긴 했지만….

어르신 고객이기에 일어날 수 있는 해프닝이 오후에 작은 웃음을 선사해 주었다.

고객님, 그때 제가 설명드린 것 정말 이해하신 거 맞지요? 다음부터는 문자 메시지 쌓아두지 마시고 그때그때 수시로 삭제를 하세요. 그러지 않으시면 또 저희 병원에서 저장 공간 98% 남았다고 전화드리게 됩니다.

수기 공모 장려상 수상작(CS 부문)

오! 황당한 우리 고객님

서울 CS본부 _ **김명성**

k t i s a l w a y s w i t h y o u

내가 회사에 입사한 지 어느덧 1년 7개월째 접어들고 있다. 처음 교육을 받고 입사한 것이 얼마 안 된 것 같은데 나이도 늘고 근무경력도 점점 늘어가고 있다. 이곳에 입사하여 정말 즐겁고 때론 너무 우울하고 슬펐던 일들이 많이 있었지만 그 중 가장 기억에 남는 일이 있어 소개하고 싶다.

첫 번째 이야기, '착신전환은 이대(梨大) 나와도 어렵다!'

착신전환 서비스는 우리들은 모두 아는 기본적인 서비스다.

＊+88+착신 희망번호+＊ 누르고 착신을 설정하는 서비스다.

간단한 안내만 하면 누구나 쉽게 접할 수 있는 서비스다.

어느 날 고객님께서 착신을 신청해 달라고 하여 나는 여느 때와 동일하게 매우 친절하게 안내 후 해당 서비스 사용방법을 문자로 신속히 발송하였다. 고객님께서도 만족하는 상담으로 통화를 종결하셨다. 그리고 한 시간쯤 지났을까, 고객님께서 나를 찾는다는 무서운 빨간 쪽지와 함께 알 수 없는 공포가 밀려왔다.

두둥! '과연 무슨 일일까? 아까 분명 정확한 전달과 친절한 상담에 어떤 부분이 문제였을까?' 라는 생각과 함께 고객님께 발신했다.

"반갑습니다, KT 고객센터 김명성입니다" 라는 말과 동시에 고객님의 무서운 언어 조합이 깜짝 놀라게 하였다. 고객님은 정말 화가 많이 나셨다. 왜 무시하냐면서 나무라셨다. 고객님께 사과 후 어떤 부분이 불편을 드렸을까를 고민하였다. 시간이 흐른 뒤 고객님은 화를 진정하고 말씀하셨다.

"너, 왜 나 무시하니!? 내가 이대 나온 여자야. 내가 얼마나 똑똑한데 너까짓 게 날 무시하니?"

무서운 고객님이셨다. 이때의 기분은 한마디로 '헐~ 대박!' 난 무슨 큰 잘못일까라는 생각에 마음이 조려 왔다. 고객님께서 다시 말씀하셨다.

"야, 문자 보낸 것에 보면 +가 있는데 휴대폰에 +라는 버튼이 어디 있니? 내가 핸드폰에 +라는 버튼이 있다는 소리는 처음 들어봤다. 너 나 무시하니?"

'맙소사 세상에, 이렇게 황당할 수가!' 하는 생각이 순간 뇌리를 스쳐갔다. 고객은 정말 상식 밖이었다. 어느 누가 + 버튼을 찾는단 말인가. 고객님께 다시 천천히 설명을 했다.

고객님은 창피하신 듯 "죄송합니다" 라는 말과 함께 바로 전화를 끊으셨다. 이런 사람도 있구나 하는 생각이 들면서 저절로 미소가 생겼다. 그런데 그 후 옆에 동료가 찾아와 재미있다며 어떤 고객이 착신전환을 신청하시면서 +버튼을 못 찾겠다고 했다며 웃는다. 이런 고객님들이 종종 계신다. 하지만 이건 사건의 시작에 불과했다.

두 번째 이야기, '너희는 정말 대단하다!'

착신전환 사건이 있고 나서 얼마 되지 않아서였다. 날씨는 여느 때와 같이 맑고 좋았으며 그때 나의 기분 상태 또한 좋았다.

뜨르르릉~ 인입콜이 들어왔다. 착신통화 전환 서비스 가입문의였다. 요즘 고객님들은 착신 서비스를 많이 사용하신다.

지난번의 악몽을 기억하며 또한 친절과 함께 감성적 응대와 그리고 마지막에 +는 그냥 '* 88번 누르고' 라는 뜻이라고 안내를 하였다. 지난번의 악몽이라 꼭 안내드린다고 하니 고객님이 웃었다. 플러스의 의미를 모르는 사람이 있냐면서 본인은 똑똑하다며 고객님은 너무 크게 웃었다.

하지만 이 사건은 이렇게 쉽게 끝난 것이 아니었다. 지금은 안내를 그렇게만 했던 것을 절절히 후회한다. 통화 종료 후 시간이 좀 흘렀을까. 빨간 쪽지! 무서운 기운이 맴돌았다.

〈고객님 매우 불만. 강력 불만. 가만 안 둔다고 하심!〉

헉, 무엇일까. 도대체 알 수가 없다. 잘못한 것이 없는데 플러스 버튼도 정확히 안내했는데 도대체 무엇인지 알 수 없었다. 너무 두려웠다. 지난번의 악몽이 떠올랐다.

"반갑습니다. KT 고객센터 김명성입니다."

고객은 몹시 흥분 상태였다. 말을 꺼내기가 무섭게 고객님은 화부터 내셨다. 너무 무서운 고객님, 나를 집어 삼키고 소화시킬 분위기였다. 죄송합니다, 죄송합니다. 사과에도 불구하고 계속되는 고객님의 공격! 그 이유를 너무 알고 싶었다. '무엇일까?'

고객님이 한참 동안 이해 못할 언어를 행사한 후 말씀하셨다.

"야, 너! 뭐라 그랬어. * 88번 누르라고 말했지?"

좀 전에 설명해 드린 내용이었다.

"야, 너 한번 눌러봐! 88번 눌러보라고!"

무슨 말씀인지 이해를 못했다.

"* 버튼을 88번 눌러 보라고!"

세상에 맙소사! 이런 고객님이 대한민국에 존재하다니….

2002년 월드컵을 이분과 함께 응원했단 말인가! 말할 수 없는 슬픔과 고통이 가슴을 옥죄는 듯했다. 아무리 잘 모르신다고 해도 어떻게 버튼을 숫자를 세며 88번 눌렀을까…. 도중에 입력버튼이 초과했다는 음성이 나와서 44번까지는 눌렀는데 그 이상은 못 누르겠다고 하신다. 이제는 손가락이 아파서 누를 수가 없다고 하신다. 이럴 수가, 손가락이 저려서 아플 정도로 * 버튼을 눌렀단 말인가. 역시 같이 응원한 집념의 한국인은 맞는 것 같다.

고객님께 충분한 사과 후 * 88번 한 번만 누르고 착신번호 누르고 *를 한 번만 누르면 된다고 안내하였고 고객님은 미안했는지 "죄송합니다"라는 말과 함께 바로 통화를 종료하였다.

내가 회사에 들어온 지 조금 있으면 2년이다. 수많은 언어폭력과 싸우고 매일 업데이트되는 상품들과의 전쟁을 치른다. 이런 전쟁 통에서 버틸 수 있었던 이유는 내 옆에 있는 동료들과 일상 속의 커피타임이다. 자잘한 일상에 대한 얘깃거리들이 활력이 되고 고객님의 칭찬이 상담할 수 있는 원동력이 되어 준다. 때론 슬프고 괴롭기도 하지만… 그것은 어느덧 웃을 수 있는 얘깃거리가 되어 준다.

"긍정적인 마음가짐과 친절함이 있다면 우리 모두 행복합니다. 우리 모두 하루에 빨간 쪽지 5개 이상 받잖아요. 표정들이 왜 이래요? 빨간 쪽지 하나만 와도 잘못된 쪽지 아닌가, 사람 찾기에서 동명이인 이니셜 찾는 사람들처럼. 오! 표정들이 왜 이러세요? 빨간 쪽지 오면 다음부터는 큰일 아니면 일반 쪽지로 보내라고 쪽지 보내는 사람들처럼."

맞습니다, 빨간 쪽지 많이 받을 수 있습니다. 하루에 업무처리 하느라 힘든데, 쪽지 오면 짜증날 수 있습니다. 그래도 우리 웃으며 일합시다. 여러분! 빨간 쪽지 받는다고 기분 나빠 하지 마세요. 하루에 빨간 쪽지 5개 이상 받아도 조금 불행한 거예요.

우리 모두 행복합니다!

ktis always with you!

ktis 고객 상담 수기 모음집

감동♡포인트

고객감동서비스를 실현합니다!

수기 공모 최우수상 수상작(DA 부문)

진정한 '소통'을 꿈꾸며…

강원 114본부 _ **유은정A**

k t i s a l w a y s w i t h y o u

창문을 활짝 열어본다.

연하게 펼쳐진 푸른빛 하늘은 계절이 여름의 정점을 향해 달려가고 있음을 온몸으로 보여주고 있다.

집 앞 놀이터에는 근처 어린이집에서 놀러 나온 아이들 몇 명과 선생님의 재미난 놀이가 한창이다. '어른'이라는 높이에서 보면 참 별것 아닌 장난 같은데 함께하는 아이들은 무척 즐거워 보인다.

며칠 전 어린이집에서 아이를 데려오는 길에, 갑자기 내린 소나기로 생긴 작은 비 웅덩이들을 지날 때였다.

아침에 예쁘게 신고 나온 아이의 구두가 젖을까 걱정된 마음에 일부러 돌아서 지나가려 하는데, 아이는 오히려 그 웅덩이들 쪽으로만 자꾸 걸어가는 것이 아닌가. 엄마 된 의무로 아이를 막아서자 그 작고 까만 눈으로 날 바라보며 말한다.

"엄마, 이렇게 하면 신발이 깨끗해져요~"

그 말을 듣는 순간 왜 내 안의 '무엇'인가가 잠시 흔들리는 것을 느꼈을까….

얼마 전의 일이 생각난다. 살다 보면 어떤 특별한 이유 없이도 느낌 좋게 시작하는 그런 날이 있다. 그날 아침도 그렇게 기분 좋게 스타트를 끊으며 일을 시작한 지 몇 분 지나지 않았을 무렵, 반가운 첫인사를 한 수화기 저편에서 애써 울음을 참는 모습이 역력한 중년 남자의 저음이 들려왔다.

무조건 끊지만 말아 달라며 시작된 그 남자의 얘기는 처음에는 많이 참는가 싶더니, 모니터 속의 빨간 초시계가 수십 초를 지날 무렵부터는 아예 울음으로 변하기 시작했다.

동생을 용서해 달라는 얘기를 여러 번 반복하더니 잘못했다며 중얼거리기도 하고, 마치 신부님에게 고해성사 하듯 내게 자신의 죄를 털어놓듯 말하며 우는 것이 아닌가.

한참 후에야 겨우 전화를 끊었지만 일종의 배신감 같은 기분이 들어 순간적으로 화가 치밀었다.

마치 '하루'라는 녀석에게 멋지게 한방 먹은 기분이었다.

기분을 한껏 들뜨게 해놓고 이렇게 순식간에 내동댕이치는가 싶기도 했고, 왜 하필 그 남자는 나한테 그런 하소연을 하는지, 왜 난 알지도 못하는 사람의 넋두리를 듣고만 있었는지….

그런데 만약 전화를 건 이가 '나'였다면 어땠을까.

가족이나 정말 가까운 지인에게조차 말하지 못하는, 그래서 전혀 일면이 없는 그 누구에게 얘기만이라도 하고 싶은 그런 극한 상황이라면, 난 어디서 어떻게 그 마음을 풀어놨을까.

어쩌면 그날 그 전화를 받던 사람은, 그저 신발 젖을 걱정에 아이의 순수한 마음도 헤아리지 못하는 '욕심이 앞선 엄마'는 아니었을까.

많은 사람들의 기억 속에 '114'라는 숫자 세 개는, 단순히 전화번호만을 전하는 매개체가 아니라 그 이상의 더 큰 의미로 남아있는 것이 아닌가 싶다. 마치 유년시절 신나게 뛰어놀던 집 앞마당 같은 이미지처럼 말이다. 학교 운동장처럼 넓진 않아도 친구들과 편하게 얘기하고 장난치기에도 전혀 부족함이 없었던, 행복한 기억들을 많이 간직하고 있는 그런 편한 쉼터 같은, 그래서 가끔은 속상한 마음을 털어놓기도 하고, 또 가끔은 사심 없는 장난도 해보고, 그리고 아주 가끔은 마음속 스트레스를 조금은 심한 말들로 풀어내기도 하는….

요즘은 '소통'이라는 말을 심심찮게 접하게 된다. 서로 간에 막힘없이 잘 통한다는 의미겠지만 '진정한 의미의 소통'은 과연 얼마나 될까 문득 궁금해진다.

내가 거리낌 없이 당신을 대하니까 당신도 나처럼 해달라고 강요하는 소통은 아닌지, 소통이라는 명목만으로 상대방의 마음을 왜곡하고 있던 적은 없었는지, 혹은 상대는 마음 열고 진심으로 다가오는데 그 솔직함 앞에서 손익을 먼저 따지고 있었던 것은 아닌지 정말 다시금 생각해 보게 된다.

어쩌면 그날 그 중년 남자가 진정 원했던 것도 그저 자신의 힘든 마음을 잠시나마 내려놓을 수 있는 아주 잠깐 동안의 시간이었는지도 모르겠다.

"내가 웃고 있는 이 순간에 주위의 다른 누군가는 울고 있을지도 모르니, 그 또한 품을 수 있는 넓은 마음이 많이 절실해지는 요즘이다" 라고 말한 누군가의 말이 새삼 마음에 새겨진다.

아이의 잠든 모습이 너무 평온해 보인다. 그 볼에 가만히 입을 맞춰본다. 따스한 온기와 함께 맑은 영혼도 함께 전해지는 것 같다.

다음 비 오는 날에는 아이와 함께 빗물에 발은 담가봐야겠다. 편견과 선입견, 욕심들로 지저분해진 내 마음의 신발도 깨끗해지도록….

수기 공모 우수상 수상작(DA 부문)

30년 전 114, 내일의 114

경기 114본부 _ **이평원**

2010년 상반기 제주 연수 이틀째 '선녀와 나무꾼'을 둘러보게 되었다. 60~70년대에 어렵고 힘든 우리나라의 생활상을 느낄 수 있도록 어느 한 분이 평생을 통해 수집한 자료들을 전시해 놓은 곳이었다.

그 시절에 자란 나로서는 진한 향수와 추억을 떠올리기에 충분한 곳이었고 가슴이 찡하도록 마음을 설레이게 했다. 이번이 두 번째 방문이라서 처음에 느꼈던 감정은 아니었지만 좀더 자세히 들여다볼 수 있었다.

방대한 자료들 중에 나의 시선이 고정되어 한참을 그 자리에서 떠날 수 없게 만든 것이 있었다. 그건 바로 내가 KT에 입사하여 첫 발령을 받았고 그때부터 근무하였던 자석식 교환기였다. 한참을 들여다보면서 1980년 3월로 되돌아갔다.

자석식 교환기는 1대에 0번에서 99번까지 있으며 교환기 5대를 연결하여 500번까지 수용이 가능했다. 교환대 앞부분에 있는 송화 가능한 플러그(10개)와 수화 가능한 플러그(10개)를 이용하여 교환대와 교환대를 중계선 잭에 꽂아 통화할 수 있도록 되어 있었다.

고객은 자석식 전화기에 송수화기를 올려놓고 핸들을 돌리면 교환기에 매달려 있는 드롭이 파르르 떨며 떨어지면 교환원이 드롭 밑에 있는 구멍에 플러그를 꽂고 고객이 원하는 곳에 연결하면 통화가 된다. 통화가 시작되면 드롭을 손으로 올렸고 통화가 끝나면 다시 드롭이 떨어졌다. 교환원은 플러그를 절단하고 드롭을 다시 올려야 했다. 주로 면 단위에 있었으며 시 · 군으로 전화 연결 시는 중계선을 이용하여 교환원이 연결해 주어야만 통화가 가능했다.

시골 마을 동네에 전화가 한 대만 있던 곳에 전화를 하려면 동네 이장이 스피커로 "○○ 네 전화 왔으니 지금 빨리 전화 받으세요" 라고 방송해야 했고 기다리는 동안 아무 말도 들리지 않아 통화가 끊어지고 한참 후에 전화 받으러 온 동네 아주머니는 아들 전화 못 받았다고 소리소리 질러 애들 태우던 기억들이 생생하다.

면사무소, 파출소는 물론이며 아이들 이름만 말해도, 위치만 말해도 통화가 가능하고 가입자 하나하나 가족사까지 훤히 알 수 있었던 때가 불과 30년 전. 지금은 1인 1대씩 전화기를 손에 들고 다니면서 상대방과 음성과 문자, 영상을 주고받는다. 내가 처음 입사할 당시만 해도 상상조차 할 수 없는 일들이 일어나고 있다. 앞으로 30년 후에는 어떻게 변할까?

아무리 상상해 보려고 해도 어떻게 변할지 알 수 없고 궁금하기도 하다. 내가 아무런 행동도 하지 않았는데 머릿속으로 상상만 해도 원하는 사람과 통화하며 생각을 주고받을 수도 있지 않을까?

세월이 흐르면서 전화통화도, 전화에 대한 문의 번호도 세분화

되었다. 전화기만 들면 모든 것이 해결되던 시대에서 시외전화신청은 101번, 독촉문의는 100번, 전화고장신고는 각 국번에 1166 또는 110번이 있었으며, 전화번호 문의는 114가 있었다. 시외전화는 자동화되었고 수동 시외전화 서비스가 중단되면서 101번은 기억 속으로 사라졌다. 1166번과 110번도 100번으로 통합되어 KT를 대표하는 번호로 남았다. 100번은 변형되었고 지금은 오직 전화번호 안내 서비스인 114만 생존해 있다.

무료서비스일 때는 홍수같이 밀려오는 각양각색의 문의전화로 인해 "114에서는 전화번호만을 안내합니다" 라고 홍보하였던 시절도 있었다. 지금 생각하면 행복한 고민(?)이었던 것 같다. 상호만 말하면 전화번호는 척척 알 수 있었으며 고객이 문의하는 곳의 전화번호는 전화번호부 책에 손만 대면 전화번호가 등재되어 있는 페이지가 펼쳐졌다. 눈 감고도 번호를 찾을 수 있었으며, 관공서 및 웬만한 상호의 전화번호는 머리 속에 있어 책 없이도 안내가 가능했다.

그렇듯 오직 114에서만 전화번호를 알 수 있던 시대에서 지금은 전화번호를 알 수 있는 곳이 인터넷 및 각종 광고매체에서 가능하며 최근에는 핸드폰에서도 고객이 직접 알 수 있다.

점점 114를 이용하는 고객이 줄고 있다. 114에서 다른 곳으로 고객이 이동하고 있다. 이동하는 고객을 다시 되돌리기 위해 우리는 많이 고민하고 생각하고 아이디어를 내놓아야 한다. 이제 "114에서는 전화번호만을 안내합니다" 라고 말하던 것을 "114에서는 무엇이든 알 수 있습니다" 라고 당당하게 말하며 영원히 잊혀지지 않는 114가 되어야 하지 않을까 생각한다.

114를 사랑하는 ktis의 모든 분은 114가 영원히 존재할 수 있도록 다 함께 힘을 모으고 내가 30년 전을 추억하듯이 지금 우리들은 10년, 20년 후에 오늘을 행복하고 신나는 시절이었다고 추억할 수 있도록 고객과 소통해야 되지 않을까.

수기 공모 우수상 수상작(DA 부문)

나의 떼쟁이 고객님들! 모두 안녕하신가요?

경기 114본부 _ **김인자**

k t i s a l w a y s w i t h y o u

2004년 4월 시간제 야간근무자로 근무하던 어느 날이었다. 몇 개월 되지는 않았지만 안내의 두려움을 어느 정도 떨쳐버렸다는 치기 어린 오만이 나를 지배할 무렵, 저녁 근무라는 특성 때문인지 술 취한 취객들의 콜택시, 야식집, 대리운전, 숙박업소, 노래방을 찾는 전화가 이리도 많다는 것을 알고 매우 신기해하던 시절, 114 좌석에 앉아 바라본 바깥세상은 그야말로 불야성이었다. 주간으로 근무가 바뀌기 전까지 난 밤마다 대한민국의 밤을 걱정했다. 오로지 애국충정으로….

그들은 때로 전화기를 붙잡고 울었다. 소리쳤다. 전화기를 집어 던지며 화도 냈다.

'음~ 제발 전화는 끊고 던져 주셨으면… 들어는 보셨나요? 호랑이보다 곶감보다 무서운 KT CSI라구.'

오로지 전화번호 안내만을 위해 앉은 나를 청와대에 계신 그분으로, 10년 전에 헤어진 애인으로, 집 나간 딸로 착각하며 흥분하는 그들 주인공들의 조연으로 나의 멀티풀한 활약이 조금씩 대종상에 가깝게 다가서고 있었던 시절, 참으로 이상한 일은 취한 그들의 불만은 개인적인 것도 있지만 사회 불만이 엄청 많았다는 것이다. 뉴스에서 문제가 되는 그런 정부정책에 관한 불만들, 술에 취해도 정신줄은 나라 걱정? 그들은 애국자임에 분명하다.

그런데 왜 114일까? 우리가 그걸 해결해 줄 거라고 믿는 건지…. 물론 해결 못할 것도 없지만 중요한 건 그들의 선택이다. 그들이 114를 통해 해소한다는 그것, 불행일지도 모르지만 그게 우리 가치의 일부이기도 하다고 생각한다.

프로이드도 해결 못하는 그 일을 우리가 단지 들어줌으로써 잠시나마 그들에게 평안을 준다면 말이다. 너무 지나친 비약인가? 어쨌든 우리가 고객을 선택할 수는 없는 노릇이니 긍정적으로 생각하는 것도 나쁘지 않다.

참 이상한 일이 하나 더 있다. 나는 정말이지 그들의 이해 안 되는 그런 행동을 받아줄 만큼 덕과 내공이 있는 그런 유형의 인간이 아니다. 꼼꼼하다 못해 한 끼 사야 한 끼 내는 치졸한 성격의 소유자, 운전 중에 끼어든 차량을 상대방은 생각도 않는데 끝까지 따라가 앞서 가야만 되는 과도한 도전의식의 소유자이기에… 얼굴도 모르는 그들이 내 앞에서 꼬꾸라져 울고 화내고 손을 내밀 때 난 전지전능한 하나님처럼 달래주고 풀어주고 해결해 주려 안간힘을 쓰는 안 어울리는 짓거리를 어찌 설명한단 말인가.

현실세계에서는 될 법하지 않은 일이 업무 중에는 자연스러우니 부디 그들과는 개인적으로 만날 일이 없기만을 바랄 뿐이다. 특히 여자라서 그런지 신발도 못 신고 한밤중에 남편에게 매 맞다 뛰쳐 나온 공중전화 속의 그녀, 집 나와 밤늦게 근처의 청소년 쉼터를 찾는 아이들을 만나면 악착같이 인근의 쉼터번호를 찾아내는 수고도 마다 않고 회사 DB가 자기 것인 양 과금은커녕 마더 테레사처럼 간디처럼 부처님처럼 사랑과 자비로 혼자 생색은 다 냈다(존경하는 대표님, 이건 드문 일이에요…).

사실 그런 마당에 어떻게 "고객님, 공중전화는 과금이 안 되오니 전화를 끊으신 후 다시 전화를 주시면 친절히 안내해 드리겠습니다"로 말할 수 있겠는가! 난 뜨거운 심장을 가진 사람이기에 전화를 끊어도 한동안 마음이 아프다.

오늘 밤 이 한 통의 전화로 제발 처마끝 추운 곳에서 잠자는 일이 없기를 바랄 뿐이다. 가끔은 더 어린 고객이 전화를 걸어 올 때도 있다.

"안녕하십니까, 고객님!"

"흑흑, 아줌마~ 엄마가 엄마가 없어요~ 무서워요. 엄마 전화번호 가르쳐 주세요."

"핸드폰번호 말이니? 어쩌지? 여기는 집 전화번호만 가르쳐 줄 수가 있단다. 핸드폰번호는 114에서는 안내가 안 되거든. 집에 다른 사람은 없니?"

"네~ 훌쩍 훌쩍~"

"엄마는 나가실 때 늦는다고 그러셨니?"

"네~."

아이는 여전히 울고 있다. 여덟 살이나 됐을까? 왜 어린아이를 혼자 두고 무슨 일이 있기에 그녀는 집으로 안 오고 있는 걸까?

"와~ 그런데 우리 친구 아주 똑똑하구나! 어떻게 114로 전화하는 걸 생각해 냈어? 다른 아이들은 이런 생각 못할 텐데…."

"갑자기 번호가 생각이 났어요. 전에 엄마가 114로 전화하는 것 가르쳐 준 적이 있어요."

아이의 관심을 다른 데로 유도하니 목소리가 조금은 밝아진 듯 했다.

"그럼, 잠깐만 아줌마가 재밌는 얘기 해줄까? 그 사이에 엄마가 올지도 모르잖아~ 그치?"

"네~"

"음~ 어느 날 아이스크림이 사고가 나서 병원에 입원을 했대. 왜 사고가 났을까?

"잘 모르겠어요…."

"아이스림이 병원에 입원한 건, 차가 와서!"

"……."

"재미없니? 그럼 다른 것으로 해줄게. 어느 날 김밥이 경찰서에 갔대. 왜 갔을까?"

"음…."

"잘 모르겠니? 정답은 참기름이 고~소해서… 하하! 다음은 빨간 길에 동전이 하나 떨어져 있는 걸 네 글자로 줄여서 뭐라고 할~까? 이 문제는 내일 엄마와 같이 맞춰서 아줌마에게 전화해 줄래? 아줌마 이름은 김인자야~ 졸리면 이 퀴즈 생각하면서 자 보도록 해. 한숨 자고 나면 엄마가 와 계실 거야."

"네~ 감사합니다."

"그래, 착하구나. 내일 보자~ 그래도 무서우면 또 전화하구, 알았지?"

"네!"

그 엄마는 그날 돌아왔을까? 다음날 전화는 오지 않았다.

아마 가족과 행복한 시간을 보내니 어제 나와의 통화는 잊어버렸을 거라 생각한다. 갑자기 아이들이 보고 싶네….

그 시절만큼 한 콜 한 콜에 온몸의 촉각을 다 동원해 그들의 상황을 이해하려 했던 때가 없었던 듯싶다. 빗속에서 콜택시를 찾으면 현실의 나도 같이 자판을 뛰어다니고, 그들이 전화선 건너편에서 울면 나도 같이 눈시울이 뜨거워졌었으니까!

워드가 느리고 숙련되지 않은 솜씨지만 지금의 스킬에 그때의 초심만 있다면 114의 상이란 상은 다 거머쥐지 않을까! 그때는 온몸으로 반응했다면 지금은 머리와 심장이 적당히 조화롭다고 해야겠지.

지금 안내관리팀 DB 담당으로 일하고 있지만 "그때의 나의 고객님들! 지금 모두 안녕하신가요? 모두들 잘 계신지 궁금합니다."

수기 공모 장려상 수상작(DA 부문)

사랑과 감동이 묻어나는 '지금은 생방송 114시대' 입니다

서울 114본부 _ **신윤경**

kt is always with you

내가 근무하는 고객상담팀은 114에서 발생되는 모든 민원업무를 처리하는 곳이다. 이곳의 명성은 대단하여 직원들 사이에서 기피부서 1위의 자리를 차지하고 있다.

처음 발령을 받아 민원고객님의 전화를 받는 순간, 아~ 하는 탄성이 절로 나오고, 휴~ 하는 한숨에 땅이 꺼질 지경이었다.

고객상담팀의 신입시절, 민원고객의 욕설에 움츠러들고, 여성고객의 날카로운 음성만으로도 심장이 오그라들었다. 심지어 지금은 사라진 어느 숙직 근무 날에는 새벽에 연결된 젊은 남성으로부터 "너, 신설동 근무하지. 기다려. 아침에 가서 널 죽여줄 테니까" 하는 협박에 소스라치게 놀라서 112에 전화까지 하였다. 하지만 112에 근무하는 경찰아저씨의 한마디에 폭소를 터트렸다.

"신경 쓰지 마세요. 저희는 매일 죽이겠다는 전화를 받아요."

좌충우돌 이렇게 시작된 고객상담팀에서 나는 어느덧 근무경력 1위의 왕언니가 되었다. 돌이켜보면 힘들고 어려운 일들도 많았지만 안내 현장에서는 느낄 수 없는 인간적인 냄새가 풍기는 곳이 이

곳이기도 하다.

물론 안내과 혹자들이 말하듯 온갖 욕설과 짜증, 언어폭력이 난무하는 곳이기는 하다. 덕분에 세상에 존재하는 욕이란 욕은 다 알게 되었지만 그보다는 전국에서 걸려오는 민원 고객님들의 사연에 함께 웃고 울 때가 많다.

지난 가을, 일요일 아침에 전화가 걸려 왔다.

"소중히 모시겠습니다. 팀장 ○○○입니다."

첫인사 후 고객님의 사연을 기다렸지만 침묵이 계속되었다.

"죄송합니다. 고객님 말씀이 들리지 않습니다. 다시 한번 걸어주시겠습니까?"

침묵이 계속되자 이제는 끊어야겠다는 판단 후 멘트를 하였다.

그런데 갑자기 기묘한 음성으로 "저기요…" 하는 남성의 목소리가 들렸다. 터져 나오는 울음을 간신히 참는 듯한 음성으로 고객님은 힘겨운 듯 띄엄띄엄 말씀을 이어 나갔다.

"저기요… 우리 와이프가 죽었어요."

혹여 장난전화가 아닐까. 아니면 진짜일까 하는 생각이 꼬리를 물며 머릿속을 맴맴 돌았다.

"우리 와이프가요… 오늘 아침에 사망했어요. 어떻게 해야 하나요?"

그 순간 수화기 저 너머에서 아이들의 흐느낌 소리가 들려왔다. 마치 마루를 지나 건넌방 문이 열린 상태에서 들려오는 듯한 구슬픈 소리에 가슴이 먹먹해졌다. 아이들도 어린 것 같고, 고객님도 젊은 분 같은데 안타까울 뿐이었지만 이 와중에 "114는 전화번호를 안내하는 곳입니다. 무엇을 안내해 드릴까요?" 라고 할 수는 없었다.

"고객님, 친척 분들한테 알리셨나요?"

"아니요, 저희는 일가친척이 없어요."

"고객님, 정말 죄송한데 저 또한 어떻게 해야 할지 몰라서 그러는데, 우선은 장례준비를 하셔야 할 것 같아요."

세상지식이 짧은 나를 원망하며 최대한 고인이 된 분을 위해 도움을 드리고자 다니셨다는 병원의 번호와 장례 관련 번호들을 모두 불러드렸다. 삼가 조의를 표한다는 인사 후 고객님의 전화를 끊고 나니 놀랐던 가슴이 진정되며 눈물이 주르르 흘러내렸다.

엄마 없이 자랄 아이들이 가엾고, 홀로 자식들을 키워나가야 할 고객님의 사연이 안타까워 눈물이 멈추질 않았다. 옆자리에서 상담을 지켜보던 동료의 눈에도 눈물이 맺히고, 고객상담실 안은 숙연한 분위기에 빠져들었다. 수화기를 타고 들려오는 고객님들의 사연은 그야말로 실시간 리얼리티였다.

외동딸의 결혼준비를 의논할 곳을 찾으시는 고객님은 무남독녀 외동딸의 시어머니에 대한 우려를 이야기하시고, 수년간 욕설을 하며 114를 탓하시는 고객님은 교통사고 후 결혼생활이 파경에 이르렀다며 신세한탄을 하셨다. 멀리 안동에서 대학을 다니는 고객님은 약간의 정신지체가 있지만 누나와 함께 살며 기타를 배운다는 이야기도 들려주시고, 여자친구가 생겼다는 말씀을 끝으로 지금은 114를 찾지 않으신다.

이렇듯 늘 생방송으로 진행되는 우리 고객님들의 이야기에 울고 웃을 수 있는 곳, 이곳은 지금까지 '생방송 114 시대' 였습니다.

수기 공모 장려상 수상작(DA 부문)

생명을 구하는 114

서울 114본부 _ **박혜경B**

kt is always with you

"꺼진 불도 다시 보자" 라는 표어가 있다.

나는 114야간재택민원을 하면서 이 표어를 "장난전화도 다시 듣자" 라는 표어로 바꿔 야간상담에 임하고 있다.

사실 재택근무 한다고 하면 집에서 받는다는 선입견 때문인지 몇몇 고객들은 문의를 하시면서부터 집에서 편히 근무하니까 정신상태가 해이해져서 있는 것도 못 찾는다고 하시거나 회선상태가 좋지 않다는 것을 알지 못하는 고객께서는 못 알아듣는다고 중국사람이냐고 하시는 분들이 많다.

특히 야간재택민원을 하고 있는 나로서는 그로 인한 민원이 대부분이다. 또한 야간이라는 특성상 취객 고객이 주를 이루다 보니 고객들의 말씀에 그다지 민감한 반응을 보이지 않으려고 노력하다 보니 가끔 진심 어린 고객의 충고도 간과할 때가 있어 나중에 고객께 죄송한 마음을 전하는 경우도 종종 있다.

그날도 핸드폰으로 한 고객께서 작은 목소리로 횡설수설하시니까 상담원이 못 알아들으시겠다고 나한테 돌리셨다.

나는 또 장난전화구나 생각하고,

"고객님, 다시 한번 말씀해 주시겠습니다" 라고 기본 응대를 한 후 고객께서 무슨 말씀을 하시는지 귀를 기울였다.

"지금 손목을 끊었는데 힘이 없어… 다른 데 연락을 했는데 연락이 없어… 다 필요 없어… 마지막으로 114로 전화를 했어…."

나는 전에도 이런 비슷한 일로 112에 고객이 자살한다고 확인해 달라고 신고한 적이 있어서 또 장난전화구나 라고 생각했다.

"고객님, 119로 하세요. 여긴 고객님을 도울 수가 없습니다. 112로 돌려드릴까요?" 라고 응대를 했다.

그러면 장난전화 고객은 112로 연결될까 봐 끊어버리시기 때문이다. 그러나 고객의 목소리는 더 희미해지듯 작아지면서 알아들을 수 없는 말을 중얼거리셨고 전화는 끊겼다.

나는 이상한 느낌이 들었고 혹시나 하는 생각에 112에 전화를 드려 114에 어떤 고객이 자살시도를 하셨다는 전화가 왔으니까 확인 부탁드린다고 말씀드렸고 경찰서의 반응도 그리 탐탁치 않아 하는 반응으로 확인해 보겠다고 전화를 끊으셨다.

1시간 후 경찰서에서 내 핸드폰으로 전화를 하셨다.

자살신고 하신 분이냐고 하면서 그 고객께서 자살을 시도하셨고, 지금은 응급실로 후송되었다면서 이런 신고가 들어오면 신고한 고객께 결과를 말씀드리는 게 절차라고 하시면서 끊으셨다.

생명을 구했다는 뿌듯함도 잠시 나는 또 치열한 일터로 돌아와 고객들의 불만을 들으면서 지내고 있다.

요즘 뉴스에 심심치 않게 나오는 스타들의 자살소식을 듣다 보면 그때 그 자살기도 하려던 고객이 생각난다.

"마지막으로 114로 전화를 한다" 라는 말씀은 우리 114가 나아가야 할 방향을 제시하는 듯하다.

힘들고 어려울 때 어디로 물어봐야 할지 모를 때 편안하게 다가와 의문도 해결하고, 가끔 생명도 구하는 그곳은 바로 114이다.

수기 공모 대상 수상작(CB 부문)

삼류와 일류

국민연금공단 콜센터 _ **이미숙**

세상에는 다양한 직업이 있다. 그중에서 연령이나 직업이 다양한 고객님들과의 대화 속에서 함께 웃고 때론 함께 가슴 아파할 수 있는 직업이 몇 가지나 될까? 그런 의미에서 전화로 고객님을 만나는 국민연금 콜센터의 일은 매우 매력적인 직업이다. 그중 상담원을 감동시킨 일화를 적고자 한다.

제도를 잘 몰라 생활고가 힘든 상황에도 어쩔 수 없이 세금인 줄 알고 연금을 꼬박꼬박 내시던 할아버지께서 연금을 수령하게 되어 전화를 주신 일이 생각난다.

전화를 주신 할아버지는 젊은 시절 사업을 크게 운영하시며 경영인으로 존경받던 분이셨는데, 지금도 온 국민이 뼈저리게 기억하고 있는 IMF 때 경영이 어려워지면서 결국 회사를 폐업하게 되었다. 신문이며 TV에서 연일 기사화되던 기업 부도와 그로 인한 가정 붕괴가 할아버지께도 들이닥친 것이다. 그 후 가족과 떨어져 지내시며 노동일부터 폐지 수집까지 닥치는 대로 일하셨다는 할아버지는 이렇게 말씀하셨다.

"나 아직 죽지 않았어. 나는 꼭 다시 무슨 일이든 할 수 있다구!

그때까지는 내가 밥은 굶어도 건강보험이든 국민연금이든 나라의 세금은 밀리지 않고 내고 살 거야…. 그렇게 사는 게 이 늙은이의 자존심이야!"

할아버지와 같은 상황에서 젊은 나이에도 삶을 포기하고 생을 마감하거나 노숙자로 전락하는 사람들을 뉴스에서 본 적이 있다. 그러나 할아버지께서는 연세를 잊고 어려운 현실 속에서도 재기를 꿈꾸며 하루하루를 견디고 계신 모습에 크게 감명을 받았다.

"고객님, 정말 훌륭하십니다. 국민연금은 세금은 아닙니다만 고객님께서 어려운 상황에서도 계속 연금을 꾸준히 납부하셔서 다음 달부터는 연금을 받게 되셨습니다. 어려운 생활에 조금이나마 도움이 되셨으면 좋겠습니다. 그리고 반드시 재기하실 수 있으리라 믿습니다. 그때 다시 한 번 전화 꼭 주시겠습니까? 고객님…."

"아유… 난 세금밖에 낸 게 없는데 나라에서 연금을 주는 거야? 허허허!"

연금을 받게 되셨다는 말씀에 기뻐하신 할아버지의 음성이 아직도 들리는 듯하다. 요즘 고객님들께서 경제가 지난 IMF 때만큼이나 어렵다고 한다. 업무적으로 도움을 드리는 일과 더불어 추운 마음까지 따뜻하게 데워 드릴 수 있는 사람이 되자 스스로에게 다짐하며 글을 마친다.

진짜 힘들 때 눈물을 보이는 사람은 삼류다.

진짜 힘들어 울고 싶을 때 웃을 수 있는 사람이 진짜 일류다.

수기 공모 최우수상 수상작(CB 부문)

눈물의 어버이날

KT115 _ **장고선**

ktis always with you

115에 입사하여 수습기간을 마친 지 얼마 되지 않았을 때 성수기인 5월 가정의 달을 처음으로 맞이했다. 업무지식을 다 터득하고 이제 막 자신감이 생겨 나름대로 승부욕이 넘치는 시기였다.

그 해 5월도 어느 해와 마찬가지로 대기호가 3자리 숫자인 100을 훨씬 넘긴 빨간색의 폭주로 아름답게(?) 수놓았을 만큼 매우 바빴다. 하루에 연장근무를 짧게는 오전 오후 2시간씩, 길게는 4시간씩 개인달력에 체크되어 있는 날이 많았다. 그렇게 고객과 기나긴 상담을 마치고 퇴근하는 날은 몸이 녹초가 되어 집에서는 말 한마디 하지 않고 조용히 할 일만 해야 했다. 내일의 연장근무를 위해서….

5월 8일 어버이날, 나는 한 고객으로부터 지방에 계시는 아버님께 전하는 안부의 전보를 접수받았다. 그 고객은 약 40대 초반 남성으로 중저음의 목소리로 성우 빰치는 음색과 아주 점잖은 톤으로 전보 내용을 말씀해 주셨고 나는 복창을 해야 했다.

"아버님, 바쁘다는 핑계로 자주 찾아뵙지 못하고 이렇게 전보로 인사를 전해드리는 점 사죄의 말씀 올리며 어버이날을 맞이하여 항상 건강하시고 아버지의 은혜에…."

순간 나의 복창은 목멘 목소리로 떨리기 시작했고 띄엄띄엄 복창을 하여 드디어 나의 감정 조절 수위를 초과하기 시작했다. 눈치 빠른 고객이 알아채고는

"아니, 왜 그러십니까?"

"고객님, 정말 죄송합니다. 제가 고객님의 전보 내용에 너무 감명을 받아서 그만…" 하고 소리 내어 울어버렸다.

"아! 상담사께서는 그럼 아버님이 안 계시나 봐요?"

"아니요, 그게 아니라…."

"아! 상담사께서 그러니 저 또한 마음이 쫌 그러네요…" 하면서 고객도 같이 거친 숨소리로 흑흑 울기 시작했다.

'이 일을 어쩌나… 고객이 전보 신청하시는데 내가 울린 꼴이 되었으니…. 우는 고객을 달래드려야 하나, 아님 MUTE(소리 차단 키)를 눌러야 하나, 아님 양해 멘트를 계속해야 하나, 이럴 때 호가 밀리기라도 하면 완전 폭탄인데….'

그 순간 온갖 생각들이 주마등처럼 펼쳐졌고 정말 쥐구멍이라도 있음 들어가고 싶은 게 아니라 같은 동료를 찾아 도움을 받고 싶은 심정이 굴뚝같았다.

그리하여 고객과 고객을 울린 상담사인 나는 본의 아니게 혼연일체(?)가 되어 눈물, 콧물로 어버이날의 카네이션 꽃바구니로 그렇게 화려한 전보접수를 마무리했다.

상담을 마치고 나서도 여운이 풀리지 않았는지 나 역시 부모님 은혜를 알면서도 부모님을 자주 찾아뵙지 못한 죄책감에 하염없이

눈물을 흘려야 했다.

그 짧은 3~4분의 감동어린 상담이었지만 지금도 그때 그 일은 결코 잊혀지지 않는다. 이유는 뭘까….

뭐든지 초스피드를 선호하고 쉴 새 없이 앞만 보고 질주하는 우리에게 지친 마음을 다독여 주고 끈끈한 정을 느낄 수 있는, 한 통의 짧은 전보로 그 고귀한 감동을 그대로 전달해 줄 수 있는 이유가 바로 감동 115에 있는 것이다.

감동 115, 파이팅!!!

수기 공모 우수상 수상작(CB 부문)

한 줄기 희망을 주세요

정부민원안내 콜센터 _ **류선옥**

k t i s a l w a y s w i t h y o u

비가 추적추적 내리는 화요일, 오늘은 어떤 민원인이 110번으로 도움의 문을 두드릴까 하는 설레는 마음으로 전화를 받았습니다.

전화를 주신 민원인께서는 둘째아이가 많이 아프다며 힘없는 목소리로 말문을 여셨습니다. 둘째아이가 2003년도에 태어나면서 담도폐쇄증 판정을 받고 수술을 하였으나 2009년에 몸의 오른쪽에 마비가 와서 병원을 찾았더니 다발성 경화증이라는 희귀병을 판정받았다고 합니다. 한숨을 길게 내쉬시며 힘겹게 말을 이어가시는데 고된 삶의 무게가 느껴졌습니다. 민원인께서는 힘겹게 어려운 형편에 대해 말을 이어가셨습니다.

첫 결혼 후 큰 아이가 태어났으나 미숙아로 태어나 인큐베이터에서 한참을 있다가 퇴원했으며, 그 후 사이가 안 좋아져 배우자와 이혼하였다고 하셨습니다. 2001년 재혼을 하셨고 둘째아이가 태어났으나 재혼한 배우자가 첫째아이를 괴롭혀서 2006년 결국 이혼을 하게 되었다고 하셨습니다. 그나마 형편이 나을 때는 아이들을 보살필 수 있었으나 민원인께서 사업을 하시다가 IMF로 인해 부도가 나자 더 이상 아이들과 함께할 수 없게 되었다고, 너무 힘들다고 한숨을 내내 쉬셨습니다. 사랑하는 두 딸들을 형편상 민원인께서 직접 키우지 못하고 할머니께서 키우고 있다며 울먹이는 목소리로 말을 이어가셨습니다. 조금이라도 돈을 모아 자녀들과 같이 살고자 일용직으로 지방을 돌아다니며 일하고 있었지만 지난 2009년 12월부터 둘째아이의 상태가 너무 악화되어 일도 팽개치고 아이에게 매달려 있다고 하셨습니다. 병원 치료 도중 희귀난치병으로 지원을 받을 수 있다는 사실을 알게 되어 병원비는 지원을 받고 있으나 부산에 거주하며 서울에 있는 병원으로 한 달에 여러 차례 딸을 데리고 통원치료를 받는 것이 너무 힘들다고 하셨습니다. 아픈 자녀 생각에 목이 메시는지 기침을 하며 목소리를 가다듬으신 후 다시 말씀을 이어나가셨습니다.

병원을 안 가는 날은 힘겹게 일용근무를 하시며 한 달에도 몇 차례 아픈 딸을 데리고 서울과 부산을 왕복하실 민원인을 생각하니 듣고 있는 저까지 눈물이 나올 것만 같았습니다.

민원인께서는 우연히 사회복지사분이 기초수급자 대상이 되는데 왜 신청을 안 하느냐는 말을 들으시고 기초수급자 신청을 하려 했으나, 기초수급자를 신청하려면 자녀들의 부양의무자로부터 동의가 필요하다고 하여, 이혼한 두 배우자에게 힘겹게 연락을 취했다고 하셨습니다.

연락이 전혀 되지 않아서 힘겹게 수소문하여 여러 차례 연락을 시도한 끝에 둘째 배우자에게는 동의를 얻어내었지만, 첫째 배우자는 연락할 길이 없었다고 합니다. 고민하던 차에 동 주민센터에서 전 배우자의 연락처를 확인하고 동의해 줄 것을 설득하였으나, 자신이 낳은 아이가 아니라며 동의해 주지 않고 있다고 정말 힘들어 하셨습니다. 반드시 전 배우자의 동의가 있어야만 하는지, 동의를 받지 못하더라도 실질적으로 대상자가 되면 수급자가 될 수 있는 방법은 없는지 문의하셨습니다. 너무 힘들다며 절실히 도움을 원하고 계셨습니다.

어떤 위로와 격려의 말씀을 드려야 할지 쉽게 입이 떨어지지 않았습니다. 어떤 말보다 하루 빨리 지원을 받을 수 있도록 해드리는 것이 최선의 방법이며 민원인이 정말 한줄기 희망을 가지고 열심히 살아가실 수 있도록 도와드리는 길이라는 생각이 들었습니다.

힘내시라는 말과 함께 보건복지부로 내용을 전달해서 담당부서에서 확인 후 연락드리도록 해놓을 테니 부디 좋은 결과 있으시길 바란다는 말을 전하며 보건복지부로 내용을 전달했습니다.

그 후 처리결과를 확인해 보니 부양의무자의 동의는 예외사항이라 부산시 연제구청장 재량이라고 되어 있었습니다. 민원인에게 도움이 되었는지 확인되지 않아 떨리는 마음으로 민원인께 전화를 드렸습니다.

민원인께서는 상담은 잘 받았는데 보건복지부에서도 예외사항이라며 연제구청장의 재량권이라고 하였다며 고맙다고 말씀하셨습니다. 해드린 것이 아무것도 없는데 고맙다는 말을 들으니 너무 죄송스러운 심정이었습니다. 민원인께 부산시 연제구청으로 내용을 전달하여 지원받을 수 있는 방법이 있는지 알아보겠다고 말씀드리고 다시 한 번 힘내시라는 말과 함께 전화를 끊을 수밖에 없었습니다.

구청으로 민원인의 내용을 전달한 후 다음날 확인해 보았습니다. 구청에서는 아직도 처리가 안 되어 급한 마음에 연제구청 담당자에게 연락을 하니 담당부서에서 확인 중이므로 기다리라는 답변을 받았습니다. 다음날 처리결과를 확인하니 사회복지과 담당자가 예외적 사항이라도 다른 서류 동의를' 첫째 배우자에게 부탁드리고 가급적 수급자 선정될 수 있도록 방법을 강구하기로 하였다는 말을 하였습니다.

결과가 확실치 않아 민원인께 도움이 되지 않았을지도 모른다는 걱정으로 왠지 불안하였습니다. 떨리는 마음으로 민원인에게 다시 전화를 드렸습니다. 조심스레 문의해 보니 담당자분이 첫째 배우자께 공문을 여러 차례 보냈는데 대답은 생각해 보겠다는 말만 계속하고 있어서 담당자분이 다시 한 번 연락하여 이번 주까지 생각해 보시겠다는 답변을 받으셨다고 기다려 보자고 했답니다. 민원인께서는 신경을 써 주어 고맙다며 구청에 여러 차례 찾아갔는데도 해결되지 않은 문제라며 한숨을 쉬셨습니다.

이번 주까지 기다려 보시고 좋은 결과가 있으면 좋겠다는 말씀과 힘내시라고 말씀을 드린 후 통화를 종료하였습니다. 집에 돌아와서도 하루 종일 민원인에 대한 생각이 떠나질 않았습니다. 좋은 결과를 가지고 전화를 드려서 삶에 조금이나마 희망을 드리고 싶었는데 여전히 해결되지 않아 너무 가슴이 아팠습니다. 아픈 자녀들과 함께 힘들어하는 민원인의 처지를 생각하니 가슴이 먹먹하였습니다.

소득과 재산이 모두 현행 기초생활보장 수급기준에 해당하는데도 부양의무자 기준으로 인해 수급자가 되지 못하는 사각지대가 100만 명에 이른다고 합니다. 민원인처럼 희망을 잃지 않고 열심히 힘들게 살아가는 국민을 나라에서 보살펴야 하는데 제도적인 현실에 부딪혀 도움을 드리지 못하니 답답하고 한편으로는 화가 났습니다.

희망의 끈을 놓지 않고 마지막으로 110번의 문을 두드린 민원인에게 죄송스러운 마음으로 오늘도 보다 더 열심히 상담에 임하고자 다시 한 번 마음을 다잡아 봅니다. 국민과 정말로 함께할 수 있는, 110번을 믿고 문을 두드려 주신 국민들에게 실망을 주지 않도록 항상 노력하고 최선을 다해서 상담을 하고자 오늘도 다짐해 봅니다.

수기 공모 우수상 수상작(CB 부문)

프로가 되기 위한 험난한 여정

고려대 안암병원 예약센터 _ **조소진**

k t i s a l w a y s w i t h y o u

내가 콜센터 상담 업무를 시작한 지도 벌써 7년이 되었다. 물론 한곳에서 머문 것은 아니지만 일을 하면서 참 많은 고객들을 만날 수 있었다. 전에 일하던 통신사도 그리고 지금 몸담고 있는 고대 안암병원도 업무는 다르지만 고객들의 성향은 크게 벗어나지 않는 것 같다. 감성이 풍부한 고객, 항상 '하하 호호' 웃음이 가득한 고객, 그리고 내가 가장 피하고 싶어 하는 고객들(별일 아닌 것 같은데 버럭 화를 내거나 집요한 고객, 쌍욕을 만발하는 고객) 등 어디든지 함께하는 걸 보면 말이다.

어려운 고객들 때문에 신입시절 나는 거의 매일 울다시피 하며 일을 배웠었다. 장기간 업무를 해도 무뎌졌다 하면서도 평정심을 유지하는 게 완벽하게 되지 않는다.

상담업무를 하면서 나에게는 이상한 업무 징크스가 생겼다. 그날 첫 번째 받는 콜이 어떤지에 따라 하루 일이 순탄할지 피곤할지 결정되는 듯 우연이라고 하기에는 너무도 정확하게 들어맞는다. 그래서 항상 일 시작하기 전에 맘속으로 '다 좋으리라. 잘될 거다'라고 중얼중얼 최면을 거는 버릇도 생겼다.

그날도 어김없이 기합을 넣고 일을 시작했다. 따르릉~ 벨이 울리고 고객에게 "소중히 모시겠습니다" 라고 인사를 건넸다. 전화기 너머로 들려오는 연세가 있으신 점잖은 남자분의 목소리가 들려왔다. 예약을 취소하려고 한다는 고객분이었다.

단순한 상담 내용이기에 다행이다라고 생각하며 "고객님, ○월 ○일에 예약은 취소되었고, 환불은 내원하셔서 추후 받으시면 됩니다" 라고 순차적으로 안내를 해드리는데… 예상치 못하게 그때부터가 문제의 시작이었다.

"뭐라구? 무슨 소리야? 예약증에 취소는 여기로 하라고 적혀 있는데!"

나는 내 귀가 찢어지는 줄 알았다. 맘을 가다듬고 다시 설명을 드렸다. 취소 처리는 가능하지만 아직 업무 절차상 환불은 전화상 어려움에 대해 양해를 구했다. 하지만 설명을 드리면 바로 반격이 시작되었다.

"지금이 어떤 시대인데 일을 이렇게 처리되게 하느냐, 예약증에 그렇게 다 적어야 하는 것 아니냐!"

버럭버럭 화를 내는 고객… 내가 잘못한 것도 아닌데 왜 나에게 이렇게 화를 내실까. 속으로 부글부글 화도 나지만 그래도 같이 화를 낼 수는 없으니 환자분께 최대한 양해를 구해야 했다. 친근하게 다가가 볼까 하고 용기를 냈다. 예전에도 이런 경우 정중한 친근함으로 애교(?)작전이 통한 적이 있었다.

경험을 살려서 "아버님~ 너무 죄송합니다. 불편하시겠지만…"

말이 채 끝나기도 전에 "내가 왜 니 아버님이야!!" 더욱 역정을 내는 고객… 안 통한다. 망치로 한 대 맞은 듯 머리가 멍~해지고 손이 부들부들 떨려왔다.

타 콜센터에서 "사랑합니다~ 고객님!" 이라고 첫인사를 하면 자주 반론을 제기하던 "정말 저를 사랑하시나요? 언제 봤다고 사랑합니까?" 그랬던 고객들이 머릿속을 스쳐간다.

그냥 같이 웃음을 지을 뿐 이럴 때마다 당황스러웠다.

다시 맘을 가다듬고 "아버님, 아니 고객님~ 정말 죄송합니다."

하지만 고객은 나의 말을 듣지 않으시고 화를 못 참으시며 버럭버럭 소리 지르다고 연설하시다가 어떤 결말도 없이 전화를 끊어 버리셨다. 해결은 못해 드려도 죄송한 마음만은 전달해 드리고 싶었다. 나의 진심을 고객이 알까? 이럴 땐 정말 큰일 보고 안 닦고 나온 기분이랄까. 찝찝하면서도 개운치가 않다.

업무지침이라는 것이 모든 고객들을 이해시키기는 어려운 부분이다. 가끔 이런 고객들을 만나면 힘이 빠지는 것이 사실이지만 그래도 이해해 주고 오히려 기운을 북돋아 주는 비타민 같은 고객들이 있기에 파이팅할 수 있고 일을 계속할 수 있는 것 같다.

"나는 프로다!" 일하는 동안은 이런 마인드로 끝까지 할 것이다.

정말 진정한 프로가 될 수 있도록….

수기 공모 장려상 수상작(CB 부문)

막막한 산중의 한 줄기 희망

정부민원안내 콜센터 _ **임상희**

kt is always with you

퇴근 시간이 얼마 남지 않았는데 걸려온 전화였습니다. 전화를 주신 분은 환자를 이송하는 구급대원으로 병원의 요청으로 환자분을 거처로 옮겼으나 차마 환자분을 혼자 두고 갈 수 없어 어찌해야 할지를 몰라 문의를 하였습니다.

환자분은 재활치료를 받으셔야 하며 혼자 거동조차 할 수 없는 상황이라고 하셨습니다. 구급대원이 전하는 환자의 상황은 정말 암담했습니다. 환자분께서는 병원에서 재활치료를 받고 계셨는데 입원 중 배우자분이 재산을 갖고 도망을 가, 재산도 보호자도 없이 딱한 처지에 놓이게 되었다고 하셨습니다.

마침 사찰의 한 스님께서 환자분의 처지를 딱히 여기시고 환자분을 본인의 사찰로 데려가겠다고 하셨답니다. 사찰로 주소를 옮겨 기초생활수급자 신청도 하고 치료도 할 수 있도록 도와주겠다고 하여 환자분을 사찰로 모셔왔다고 합니다. 그러나 구급대원이 사찰에 오니 환자분을 두고 갈 수 있는 상황이 아니었습니다. 돌봐주기로 했던 사람은 환자의 상태를 보더니 할 수 없다며 가버렸고, 사찰은 공사 중으로 비를 피할 곳은 더 깊은 산중의 암자였습니다.

재활치료를 받아야 하는 환자는 혼자 거동을 못하는데 어찌 암자에서 혼자 생활할 수 있겠습니까? 또한 스님은 현재 외부에 나가 계셔서 언제 돌아오실지 알 수 없는 상황이었습니다. 너무 막막하여 저희 110번으로 전화를 주셨다고 하셨습니다.

당장 도움을 드릴 방법을 찾아드려야 하는 상황에서 시간이 너무 촉박하였습니다. 6시가 다 되어 가는 상황에서 관할 지자체의 담당자가 있는지도 알 수 없는 상황이었습니다. 서둘러 관할 구청 복지담당자에게 문의하였더니 주민센터 사회복지사와 상담을 해야 한다고 하였습니다. 어느덧 6시가 넘어 마음은 더욱 초조해졌습니다. 기도하는 마음으로 담당 사회복지 담당자에게 연락했고 다행히 연결이 되어 민원인의 상황을 설명하니 수급자 신청과 긴급의료지원에 대해서 안내 받을 수 있었습니다.

산중에서 초조히 기다릴 구급대원에게 긴급의료지원에 대해 안내하고 우선은 재활치료가 가능한 병원으로 환자분을 모셔가도록 안내하였습니다.

그 후 환자분께서 기초생활수급자 선정은 되었는지, 긴급의료지원은 받으셨는지 궁금하여 민원인께 다시 전화를 드리니 반가운 목소리로 저를 맞아주셨습니다. 다행히 환자분은 치료가 가능한 병원에 입원하였고 긴급의료지원으로 병원비를 걱정할 필요가 없어졌다며 기뻐하셨습니다.

또한 사회복지 담당자가 직접 방문하여 환자분과 면담을 하셨고 기초생활수급자도 신청하여 결과를 기다리고 있다고 하셨습니다.

아무도 없는 막막한 산중에서 한 줄기 빛과 같은 희망을 주었다며 너무 고마워하였습니다.

몸이 아픈 것도 서러운데 한 몸 뉘여 쉴 곳이 없는 막막한 상황에서 도움을 줄 수 있어 저 또한 일의 자부심과 보람을 느낄 수 있었습니다.

나 몰라라 그냥 두고 갈 수도 있는 상황에서 책임감과 사명감을 가지고 끝까지 환자를 방치하지 않은 구급대원이 정말 존경스러울 뿐입니다. 이런 분들이 있기에 우리의 미래가 아직은 밝은 게 아닐까요?

수기 공모 장려상 수상작(CB 부문)

아이가 밝고 건강하게 자랄 수 있도록…

정부민원안내 콜센터 _ **유애경**

k t i s   a l w a y s   w i t h   y o u

"국민과 함께하는 정부민원안내 콜센터 유애경입니다. 무엇을 도와드릴까요?"

민원인께서 잠시 머뭇거리시더니 "저는 집에서 아이 돌보는 일을 하고 있습니다" 라며 말문을 여셨습니다.

그런데 6개월분 임금이 체불된 상황에서 아이 엄마와 연락이 되지 않는 상황이고 계속해서 이 아이를 돌볼 수 없는 처지라 도움을 받고자 전화 주신 민원인께서는 2009년 5월경 경기도 안산시 상록구에서 발행되는 교차로에 아이 돌보미 구인 광고를 보고 아이 엄마의 휴대폰으로 연락을 취해 직접 만나게 되었다고 합니다.

아이 엄마로부터 이혼하게 된 안타까운 사연을 듣다 보니 같은 여자로서 연민의 정이 느껴졌고, 거주지도 없이 회사에서 현재 기숙사 생활을 하고 있다는 말에 측은하다는 생각까지 들었답니다.

아이를 보다 강하게 키우고 싶은 아이 엄마의 신념을 볼 수 있어서 선뜻 아이를 도맡아서 키워보겠다고 하셨다는데… 아이 엄마의 요구대로 민원인의 주소지로 아이를 올리고 도맡아서 돌본 지 11개월 정도 되었을 무렵부터 임금이 체불되더니 아이 엄마와도 연락이 잘 닿지 않을 때가 많았고, 아이가 감기라도 걸려 열이 날 때는 어떻게 해야 할지 몰라 정말이지 애를 태운 적도 많았답니다.

우연히 아이 엄마에게 전화를 하게 되었는데 어찌된 일인지 아이 엄마 휴대폰은 정지가 되어 있고, 며칠 전에 회사도 퇴직했다는 사실을 회사 관계자로부터 듣게 되었답니다.

아이 엄마의 휴대폰번호와 주민번호밖에 모르는데 어떻게 말 한마디 없이 갑자기 잠적을 하다니… 정말이지 너무 야속하다는 생각이 들었답니다.

아이를 보고 있자니 너무 가슴 아프고 측은한 마음이 들어 '아이 엄마에게도 말 못할 사정이 있겠지, 조만간 연락이 올 거야. 좀 더 기다려보자'라고 생각하며 며칠을 더 기다려 보았지만 아무런 연락이 없어 하는 수 없이 경찰서로 신고도 하고 110번 정부민원안내 콜센터로 전화를 주시게 되었답니다.

상담사는 110번 정부민원안내 콜센터 종로센터에 파견 나와 계신 보건복지부 조사관님께 자문을 구하였습니다. 경기도 안산시 상록구 본오3동 주민센터 생활지원과 가정복지계로 신속한 전화 연결 및 연계가 이루어졌습니다.

어려운 상황에 처한 사람이 정작 시설 입소를 원할 때 도움을 받지 못하는 상황이 생길 수도 있기 때문에 해당 공무원 담당자께서 여러 가지 경제적인 상황, 거주할 장소가 있는지 여부를 파악하여 아이를 시설에 입소시키게 되었습니다. 밀린 임금에 대해서는 아이 엄마와 원만하게 합의를 보시거나 민사로 해결하셔야 함을 안내해드렸습니다.

며칠 후 민원인께서 110번 정부민원안내 콜센터 종로센터로 전화를 주셨습니다. 아이가 눈에 아른거려 보고 싶다며 울먹이시던 민원인께선 아이가 가엾고 측은한 생각에 “아이는 잘 지내고 있겠죠?” 라고 상담사에게 반문까지 하셨습니다.

민원인께 상담사는 위로의 말밖에 드릴 수 없는 안타까운 순간이었습니다. 시설에 입소한 아이가 밝고 건강하게 잘 자라길 바라는 마음 간절합니다.

수기 공모 최우수상 수상작(CS 부문)

당신은 누구십니까?

경기 CS본부 _ **안정화**

k t i s   a l w a y s   w i t h   y o u

태어나서 어른이 되고, 결혼을 하고, 아이를 낳고, 서서히 나이를 먹어 가는 당연한 과정이 나에게는 유난히 힘들었던 것 같다. 스물다섯, 어리다면 어린 나이에 아이 엄마가 되었고 두 아이를 키우면서 온갖 잔병치레에 몸과 마음은 지쳤고 알 수 없는 짜증은 늘어만 갔다.

그러던 어느 날 친정 엄마는 나와 남편에게 예쁜 새 집을 짓고 살고 싶다고 선언하듯 말했다. 얼마 후 집을 짓기 시작했고 집이 완공되어 이사를 하던 날, 가장 큰 방은 아무것도 넣지 말고 비워두라고 몇 번이고 당부하던 엄마의 말을 이해하지 못한 채 집으로 돌아왔다. 이사를 마치고 한 달 후쯤 주말을 함께 보내자며 시골로 내려오라는 전화를 받았다.

"집터는 꼭 커야 한다"고 강조하던 엄마의 말을, 텃밭을 만들고 좋아하는 화초를 가꾸며 노후생활을 하려나 보다 생각했던 난, 좀 의외의 모습에 당황했다. 마당은 시멘트로 매끈하게 다져놓았고, 마당 오래된 나무 밑에는 그네가 매어 있었고, 옆에는 조그만 정자가, 집 뒤에는 작은 연못과 고운 모래로 가득 채워져 있는 조그만

모래 놀이터가 있었다. 부모님이 손수 하나하나 가꾼 것이라 세련된 멋은 없었지만 정성이 가득한 모습이었다.

점심을 먹고 아이들이 밖에서 신나게 웃고 떠드는 모습을 보면서 나무 그늘에 앉아 차를 마시고 있는 나와 남편을 보며 엄마가 어렵게 말을 꺼냈다.

"아이들을 이곳에서 내가 키워주고 싶은데… 마당에서 인라인 스케이트나 자전거도 맘껏 탈 수 있고… 사실 그래서 준비한 거야. 나중에 너희들이 내려와 살아도 괜찮을 것 같고…."

잠시 말을 멈춘 엄마 눈에 눈물이 가득 고인다.

"난 내 딸이 하고 싶은 거 다 하고, 먹고 싶은 거 다 먹고, 편하게 살았으면 좋겠어. 아이들 키우면서 직장생활 하는 것도 보통 일이 아니고, 아이들도 학원이나 밖으로 도는 것보다는 내가 품고 있는 것이 더 좋을 것 같고…."

엄마는 내가 힘들어하는 것이 맘에 걸렸던 것 같다. 서울로 돌아오는 내내 운전을 하고 있는 신랑은 아무 말이 없었다. 한 손을 내려 내 손을 꼭 잡아 주는데 난 참았던 눈물을 쏟아버리고 말았다.

"우리 앞으로 더 행복하게 살자. 그러면 되는 거야…."

그렇게 아이들을 시골로 보내고 1~2년 후에 데려오려던 우리 생각과는 달리 시골 생활에 빠져 서울로의 전학을 거부하는 아이들과 엄마의 든든한 지원 덕분에 따로 생활한 지 벌써 4년이 되었다.

'꽃이 지고 난 후에야 봄인 줄 알았다'는 어느 유명한 분의 말처럼 아이들과 떨어져 살게 된 후에야 부모의 마음이란 것이 얼마나 애틋하고 가슴시린 것인가 난 절실히 깨닫게 되었다. 길을 지나가다 마주치는 내 아이 또래들만 봐도 뒤돌아보게 되고 가슴이 짠해지곤 한다.

KT상담사로 일하면서 가끔은 많이 힘들고 지칠 때도 있고 웃음을 주는 고객님들 때문에 즐거운 시간을 보내기도 하지만 상담 중 가슴이 메이며 눈물이 쏟아졌던 경험은 그때가 처음이었다.

어느 날 초등학교 학생의 전화를 받았다.

"저희 집 인터넷이 안 돼요."

"가입자분 주민등록번호나 사용 중인 아이디 알고 계십니까?"

"잠깐만요…."

아이는 적어 둔 듯한 부모의 주민등록번호를 또박또박 불러준다. 요금 체납으로 이용이 정지되어 있는 회선이었다. 그때 뒤에서 다급한 목소리가 들려온다.

"형! 라면 다 익은 것 같아, 가스불 끌까?"

"형, 뜨거워서 못 꺼내겠어, 이거 내려줘."

"야! 기다려 위험해!"

둘의 대화를 듣고 있으려니 내 마음이 더 불안해진다. 배고픈 맘에 냄비를 내리다 다치기라도 하면 큰일인데….

"우선 사용하게 해줄 테니 혹시 또 안 되면 부모님께 전화 달라고 부탁해 주세요. 그리고 동생이 찾는데 빨리 가보고 손 다치지 않게 꼭 조심하세요."

"네! 고마워요 누나!"

누나? 눈물이 핑 돌다 웃음이 나온다. 나도 꼭 네 또래의 초등학교 아이들은 둔 엄마인데… 항상 집에서 둘이 있을 아이들 생각에 한동안 멍하니 눈물을 흘리고 있었다.

그때 알았다. 사람의 경험이라는 것이 얼마나 값진 것인지. 여러 경험들은 단계별로 쌓여서 나와는 또 다른 나를 만들어 내는 위대한 힘을 지니게 된다. 나 또한 그 상담이 있었던 후부터는 인입되어 들어오는 고객들이 남 같지가 않았다. 내 부모, 내 형제, 내 친구, 내 아이들….

나와 같은 생각과 아픔을 가지고 함께 삶을 사는 소중한 사람들이 필요에 의해 나에게 도움을 청하는 것이라는 생각이 들었다. 돈만을 생각하고 의무감으로 하는 일은 오래 가지 못한다. 돌로 쌓은 성보다는 사랑으로 쌓은 성이 더 튼튼하다는 말이 있다. 지식으로 하는 상담도 중요하지만 내 진심에서 가슴으로 마음이 움직여서 하는 상담이 더 소중한 것이라고 생각한다. 이런 맘을 갖게 되면서 일을 할 때 예전보다 훨씬 밝아진 내 모습에 스스로 감사하게 된다. 난 가끔 전화를 받다가 너무 힘들면 잠시 생각해 본다.

'지금 나에게 전화를 건 당신은 누구십니까?'

결국 이들 한 사람 한 사람은 나와 같은 세상에서 함께 살고 있는 소중한 인연들임을 다시 확인하게 된다. 나의 존재감을 증명해 주는 힘이 되는 고마운 분들과 함께 오늘도 난 행복한 하루를 살아가고 있다.

수기 공모 장려상 수상작(CS 부문)

고객감동은 작은 일에서부터 시작된다

경기 CS본부 _ **황암규**

k t i s a l w a y s w i t h y o u

"고객님, 안녕하세요. Olleh! KT입니다. 무엇을 도와드릴까요?"

"당신은 필요 없어, 내가 만나야 할 사람은 따로 있어!"

"누구 찾으세요, 고객님?"

"당신은 필요 없다는데 왜 자꾸 말 시키는 거야!" 하시며 버럭 화를 내신다. 한쪽 구석에 할머니 눈을 피해 있던 지사직원이 나에게 다가와 귓속말로 전해준다. 저 할머니는 한 달에 한 번씩 찾아와서 사무실을 뒤집어 놓는 분이니 신경 쓰지 말라고 한다.

2009. 4. 2일자 성남 CS센터에 발령받아 동료 직원들한테 고객맞이 요령과 지식을 전수받고 민원실로 배치받아 병아리 사원으로 근무를 시작한 지 얼마 안 되어 대면하는 고객이었다. 연세도 많으시고 성격이 대단하시어 쉽사리 접근하기가 쉽지 않았고, 처음 대면하는 고객치고는 너무 강해 어떻게 처리해야 할지 머리가 혼란스러웠다.

그래도 용기를 내어 할머님에게 다가가 두 손을 마주잡고 인사를 드리고 무슨 일인지 여쭈어 보았더니 마주잡은 두 손에 마음이 통하셨는지 많이 누그러지시면서 말씀하기 시작하였다.

"전화요금이 너무 많이 나와. 확인 좀 해줘. 왜 쓰지도 않은 전화에 요금이 이렇게 많이 나왔어?"

확인해 보니 031-754-42○○ 김미혜 고객이었다. 김미혜 고객은 할머니의 셋째 딸로 수족을 못 쓰는 장애인이라 집에만 누워 있는데 매월 전화요금이 왜 이리 많이 나오는지 모르겠다고 하신다.

요금명세서를 확인해 보니 1만 원도 안 되었으며 복지감면 받는 고객으로 생활형편이 너무 어렵겠구나 하는 생각이 들었다. 문득 아침행사 때 들은 문구가 떠올랐다.

"자기 입장보다 남을 위해 배려하는 마음으로 문제를 해결해 주려는 마음을 표현하는 것이 바로 친절이다" 라는 고객지향적 마인드. 요금의 많고 적음이 문제가 아니고 불만은 있지만 KT를 누구보다 사랑하며 아끼시기에 타사로 가지 않는 이런 고객님들 때문에 내가 존재할 수 있구나 하는 생각에 더 적극적으로 나의 친할머니라는 생각으로 대면하기 시작했다.

할머니는 어려운 가정형편부터 시작하여 82년 동안 살아오신 이야기를 끝도 없이 풀어놓기 시작하셨다. 우리 어머니가 살아계신다면 지금 저 할머니 고객님과 무엇이 차이날까? 장애인 딸과 함께 넉넉지 않은 형편에 하루하루 생활이 얼마나 힘드시면 이 적은 전화요금을 가지고 매월 찾아오셔서 이같이 하소연하실까? 생각할 때마다 마음이 너무나 아파 왔다. 그러나 공과 사는 분명한 것, 사용하신 내역서를 출력하여 자세히 설명드리다 보니 전화가 자주 고장이 나서 핸드폰으로 사용하시는 통화요금이 많이 발생함을 확인하고 사실을 안내해 드린 후 귀가시켜 드렸다.

다음날 현장기사를 수배하여 확인해 보니 전화기 상태가 너무나 안 좋은 것으로 확인되었다. 할머니께 전화기 상태를 말씀드리니 전화기 구입할 돈도 없고 전화국에서 못 사는 사람들 전화기는 마땅히 지급해야 하지 않느냐고 전화국에 다시 찾아와 난리를 치셨다. 고민 끝에 사무실을 이동하면서 재사용하려고 보관 중인 헌 전화기를 마련하여 보내드렸다.

매월 15일쯤 되면 요금고지서가 발행되는 시점으로 VOC가 증가하는 때이다. 정신없이 바쁘게 업무처리하고 있는데, 할머님이 다시 찾아오셨다. 그런데 웬일일까? 전과는 딴판으로 할머님의 언행이 달라지신 모습으로 말씀하셨다. 원래는 남에게 나쁜 짓 한번 안 하고 사신 분인데 아들 녀석은 잘살면서도 한번 오지도 않고 딸들도 전화 한 통 없으며 수족도 못 쓰는 셋째 딸을 데리고 살려니 인생살이가 고달파 전화국에 와서 소란을 피웠노라고 사과 말씀을 하시는 것이었다.

바로 이것이다. 고객님께 마음으로 다가가자. 고객을 기분 좋게, 고객이 원하는 대로, 그리고 즐거운 모습으로 고객감동을 불러일으킬 수 있구나 하는 또 다른 지혜를 터득하였다. 이제는 지난 일이지만 매월 전화요금 납기일이 되면 묵은 때가 찌들은 보자기에, 삶은 계란과 얼마가 지난지도 모를 과자를 싸가지고 오신다.

시간이 흘러 2010년 신년이 되었는데 할머님께서 오시지 않았다. 혼자 계시는 할머니가 걱정되어 안부 삼아 전화를 드렸다. 연

말에 병환 중인 따님을 하늘나라로 보내고 눈이 수북이 쌓인 날 전화국에 오기 위해 집을 나서시다 눈길에 넘어져 팔이 골절되는 사고를 당하셨다고 했다. 자동이체를 하시면 내방할 필요도 없이 편리한데 왜 안 하시고 그런 일을 당하시냐고 하니, 전화요금보다도 나를 만나서 이야기 나누는 것이 너무 좋아서 그러신다고 하셨다.

마음 한구석에 무언가 찡함을 느꼈지만 그 이상은 내가 더 해드릴 수 없는 현실과 나 자신이 부끄럽고 마음이 아팠다.

"고객은 항상 옳다, 고객은 항상 중요하다" 라는 말을 되새기며 오늘도 고객감동을 위하여 VOC업무에 정진한다.

지금도 매월 15일경이 되면 90도로 구부러진 허리에 왼손에는 봇짐을, 나머지 손에는 지팡이를 들고 어김없이 할머니가 나타나면, 옆에 있던 동료들이 "황부장님, 여친 현숙 씨 왔어요!" 하고 큰 소리로 외친다.

수기 공모 장려상 수상작(CS 부문)

상담사를 울린 가슴 아픈 고객님

서울 CS본부 _ **이철재**

k t i s a l w a y s w i t h y o u

고객 상담을 하다 보면 정말 여러 유형의 고객을 만나볼 수 있다. 오늘은 내가 상담했던 정말 가슴 아픈 고객 이야기를 해볼까 한다. 나는 CRG 팀에서 근무하다 보니 전화를 다이렉트로 받는 게 아니라 호전환되어 들어온 콜을 받는다.

"연결 받았습니다. 이철재입니다."

말씀은 안 하고 전화 너머로 우는 소리만 들려온다.

"고객님, 이철재입니다. 무엇을 도와드릴까요?"

계속 우는 소리만 수화기 너머로 들려온다. 난 수화기를 들고 있었다. 무슨 사연일까. 한참의 침묵이 흘렀다. 고객님이 감정을 추스른 듯 힘겹게 말한다.

"인터넷을 해지하려고요…."

목소리에 힘이 전혀 없다. 무슨 일인지 모르지만 굉장히 슬픈 일이 있는 것 같다.

"고객님, 굉장히 슬픈 일이 있으신 것 같은데 무슨 일인지 제가 잘 알지 못해서 어떻게 말씀드려야 할지 모르겠지만 힘내세요. 고객님, 죄송합니다만 해지하시려는 사유가 어떻게 되십니까?"

갑자기 고객이 흐느끼며 울기 시작하며 힘겹게 말한다.

"남편 명의로 가입한 인터넷인데 남편이 며칠 전 갑자기 교통사고로 하늘나라로 갔습니다."

이렇게 말씀하고서는 또 흐느껴 우신다. 내가 하는 일이 해지방어이지만 정말 고객이 얼마나 슬플까 하면서 해지방어보다는 고객을 어떻게 하면 위로해 줄 수 있을까 생각에 잠겼다. 그때 고객이 갑자기 나에게 물어온다.

"인터넷 신규 가입할 때 녹취가 된다고 들었습니다. 맞나요?"

"네 고객님, 100번 센터 통화 시에는 녹취가 되고 있습니다."

"그럼 정말 죄송한데 남편 목소리가 너무 그리워서 그러는데 저한테 제발 한번만 남편 목소리 좀 들려줄 수 있을까요?"

그 순간 나도 모르게 두 눈에서 뜨거운 눈물이 흘러 내렸다. 얼마나 남편이 그리우면 이렇게 말씀을 할까? 허나 이 부분 녹취는 개인정보에 해당되는 사항이라 들려줄 수도 없는 사항이었다.

"고객님, 얼마나 슬프시겠어요. 고객님의 마음을 제가 모르는 바는 아닙니다. 정말 죄송합니다만 녹취 내용을 전화상으로는 저희가 시스템상 들려드릴 수는 없습니다. 하지만 서류를 가지고 내방하신다면 녹취 내용을 고객님께서 확인하시고 남편분의 목소리 들어보실 수 있습니다."

"그… 그래요?"

이 말씀을 하고는 또 우신다. 정말 얼마나 상심이 크실까. 또 남편이 얼마나 그리우면 고인이 된 분의 목소리라도 듣고 싶어 할까.

상담을 하면서 내 눈에서는 나도 모르게 눈물이 흘러내렸다.

"그럼 내방하면 남편 목소리를 들을 수 있는 것 맞죠?"

"네 고객님, 제가 전화상으로 도움을 못 드려서 너무 죄송합니다."

"아니에요… 내방해야죠."

목소리에 정말 힘이 없다. 하긴 가족이 그런 큰 봉변을 당한다면 어느 누가 슬프지 않으랴.

"네 고객님, 너무 죄송합니다."

"아닙니다. 그래도 혹시나 하는 마음에 전화를 했는데 남편 목소리가 너무 듣고 싶은데 방법이 없었고 혹시나 들을 수 있을까 하는 마음에 전화를 하였는데 서류 준비하는 건 아무것도 아니죠… 남편 목소리만 들을 수 있다면 전화국 내방하는 것은 아무것도 아니에요."

얼마나 남편이 보고 싶었으면….

"상담사님, 감사합니다. 그래도 남편 목소리를 들을 수 있다는 희망을 상담사님께 전해 들으니 너무 고맙습니다… 감사합니다."

"아닙니다. 고객님께 희망이 되셨다면 저 또한 너무 기쁩니다."

그리고 해지부분에 대한 상담을 마무리하면서 인터넷 명의양도 부분을 안내하여 고객이 사용할 수 있도록 안내하고 전화를 마무리하였다.

전화를 끊고 나서도 흐르는 눈물이 한동안 멈추지 않았다. 지금도 나에게 그 고객은 가장 기억에 남는 고객님이다.

수기 공모 장려상 수상작(CS 부문)

고객님… 힘내세요!

서울 CS본부 _ **서민정**

ktis always with you

신입 딱지를 막 떼고 서서히 날씨에 따른 고객의 성향을 알아갈 준 신입 시절의 이야기입니다. 100번 일을 한 지 어언 7년 이상 되어 가는데도 비가 오는 날이면 그날 일이 생각나서 마음이 많이 아픕니다.

2003년 초여름 장마철이 막 시작되는 토요일 오전이었습니다. 비 오는 날 첫 콜에 대한 징크스가 있던 터라 긴장을 하고 받으려고 하는데 지역번호 031로 시작되는 번호가 인입되었습니다. 아침부터 짜증이 조금 났습니다.

'왜? 031 고객이 02-100을 누르고 전화를 하고 난리야….'

저도 짜증이 났던 터라 100번의 기본인 친절을 잊고 까칠 모드로 목소리가 변하고 말았습니다.

부대장 : 강북구 미아동에 사는 '김○○' 성함으로 되어 있는 전화번호 좀 알려 주세요.

(인입 번호도 맘에 안 들고 아침부터 개인정보를 물어 보다니 정말 오늘 몸 사리면서 전화받아야겠다. 진상들만 걸리겠는데. '오

늘 하루도 무사히' 를 맘속으로 기도하면서 상담을 이어갔습니다.)

상담원 : 고객님~ 개인정보라 알려 드리기가 어렵습니다. 죄송합니다.

부대장 : 여긴 연천에 있는 군부대입니다. 어제 비가 많이 와서 연천 쪽 뚝방이 무너졌다는 것 뉴스에서 혹시 들으셨나요?

(뉴스하고 개인정보하고 뭔 관련이라고 이런 걸 나한테 물어보는 거야 정말…. 그만 좀 하지… 안 된다니까.)

상담원 : 그건 알고 있습니다. 장마철에는 연천이 물에 잠기는 경우가 많은 것 같더라고요. 하지만 고객님께서 문의하신 개인정보는 고객센터 업무상 알려 드리기가 어렵습니다. 죄송합니다.

(얼마간의 정적이 흘렀다.)

부대장 : 그럼, 혹시 번호는 조회가 되는데 저한테만 못 알려 주시는 건가요?

상담원 : 그건….

부대장 : 그럼, 제가 △△부대 부대장입니다. 어제 저희 운전병이 대대장님을 모시고 폭우에 운전을 하다가 뚝방이 무너져서 차량이 굴러 전복되었습니다. 아마도 사망한 것으로 추정되나 시신은 찾고 있는 중입니다.

(정말 머리가 하얘졌다. 우리 친오빠도 연천에서 운전병을 했었는데 전방이라 장마철에는 전시태세하고 똑같다고 말했던 것과 장마철에는 가족들 모두 오빠한테 아무 일 없는지 노심초사하고 기도했던 것이 생각났다. 갑자기 나도 말문이 막히고 말았다.)

상담원 : 네…. 고객님, 그럼 제가 말씀하신 지역에 동명인이 있는지 한번 확인해 보겠습니다. 잠시만 기다려 주시겠습니까?

(서비스 번호 계약조회를 하니 정말 있었다.)

상담원 : 네 고객님, 말씀하신 분이 있습니다. 하지만 찾는 분이 맞는지 모르겠네요.

부대장 : 아마도 그분 명의로 일반 전화가 2대 있을 거예요.

(정말 2대 맞았다. 그럼 찾는 분이 맞다는 것인가?)

상담원 : 고객님, 그럼 제가 전화번호를 알려드리기는 어렵고, 성함하고 연락처 주시면 고객께 전화드려 부대장님께 전화드리라고 하겠습니다.

부대장 : 그럼, 죄송한데 고객한테 전화를 드려서 아드님이 △△부대이고, 나이는 20살이고 이름은 ○○○가 아니냐고 여쭤봐 주시고, 맞다고 하면 제 연락처하고 이름을 알려 주시면 됩니다. 헌데 조심하셔야 되는 부분이 있어요. 제가 어머님이 사시는 동네를 아는 건 작년에 아버님이 돌아가셔서 문상을 갔던 적이 있기 때문입니다. 어머님께서 당뇨병과 고혈압을 앓고 계시고, 누나가 뇌성마비 장애를 앓고 있는 중증 장애인입니다. 어머님께서 충격을 받으실 수 있기 때문에 저희 사병이 죽었다는 말은 하지 마시고, 저한테 연락만 좀 달라고 전해 주세요.

상담원 : 네, 그럼 고객님과 통화 후 연락드리겠습니다.

(작년에 남편을 잃고, 올해는 어린 아들까지…. 정말 그 어머니가 의지할 사람은 어쩌면 먼저 가신 그 두 분이 아니었을까? 갑자

기 눈물이 났다. 안타까워서 어쩌지? 정말 불쌍하다. 이젠 장애인 딸과 몸이 불편하신 어머니만이 살아가야 할 텐데. 안쓰러워서 어쩌지. 맘이 안정이 안 됐다. 그래도 전해 드려야 하니 디지폰을 눌렀다.)

따르릉~ 따르릉~

어머니 : 여보세요.

(아프셔서 그런지 비가 와서 그런지 목소리가 허스키하고 힘없이 쫙 가라앉은 중년 여성이 전화를 받았다.)

상담원 : 안녕하세요 고객님, KT 고객센터 상담원 ○○○ 입니다. XXX 고객님 댁 맞나요?

어머니 : 네, 전데요.

상담원 : 혹시, 아드님이 △△부대에 근무하고 계시지 않나요? 이름은 김○○ 이고요.

어머니 : 네, 맞아요. 근데 왜요?

상담원 : 네 고객님, 부대장님께서 통화 요청을 하시는데요. 연락처와 성함을 알려 드릴 게요.

어머니 : 네, 그러세요.

상담원 : 고객님, 그럼 몸 건강히 안녕히 계세요.

(전화를 끊고 한동안 눈물이 앞을 가려 전화를 받을 수 없었다. 가까스로 맘을 추스르고 부대장님께 전화를 드렸다.)

상담원 : 어머님께 연락처 알려 드렸습니다. 그럼, 안녕히 계세요.

부대장 : 네, 친절하게 도와주셔서 고맙습니다. 수고하세요.

상황이 종료된 후 속으로 '고객님, 힘내시고, 절대로 좌절하시면 안 되세요. 따님과 꼭 행복하게 사셔야 해요'라고 진심으로 기도했다. 하늘이 무심하다는 생각도 들고, 고객님이 너무 안타까운 마음에 하루 종일 울면서 전화를 받았다. 팀장님이 집에 무슨 일이 있냐며 걱정되는 눈빛으로 물어보면서 쉬라고 했지만 어떤 말도 하고 싶지 않을 정도로 슬펐다.

그날 고객님들께 밝은 목소리로 응대해 드리지 못해 죄송할 뿐이다. 그 후로 신입 입문교육을 들어가서 졸고 있는 교육생이 많을 때면 이 얘기를 해주고 있다.

오늘도 아침부터 소리 없이 보슬비가 내리고 있다.

자나 깨나 말조심!

서울 CS본부 _ **김주신**

k t i s   a l w a y s   w i t h   y o u

우리가 하루에 받는 수많은 상담전화들, 전화량만큼이나 다양한 고객들의 유형은 말할 것도 없다. 오랫동안 여러 고객들의 음성을 듣다 보니, 이제는 첫 마디만 들어도 바로 느낌이 온다.

'아, 이분은 화를 내겠구나… 긴장해야지' 또는 '기운 없는 목소리네. 뭔가 연락을 오래 기다리셨나?'

이 정도의 느낌은 대략 맞아 들어간다.

그날도 전화를 받았다.

"반갑습니다, 김주신입니다."

"아가씨~ 나 좀 도와줘…" 라는 힘없는 목소리가 들려왔다.

할머니신지 할아버지신지조차 분간할 수 없게 쉰 목소리에 힘이 하나도 없다. 이렇게 연세가 있는 분과 연결되면 조금 더 긴장하게 된다. 같은 말씀을 드려도 엉뚱한 내용으로 알아듣고 버럭 화부터 내는 경우가 많기 때문이다.

"어떻게 도와드릴까요?"

"우리 아들이 혼자 집에 있을 텐데 전화가 안 돼. 아무리 걸어도 안 돼. 대체 무슨 일이 있나 좀 알아봐 줘."

이런 류의 상담은 흔히 받게 되는 내용이다. 그래서 나 또한 늘 응대하던 대로 "네~ 그러시군요, 혹시라도 수화기가 방치된 것인지 확인 가능한 부서를 연결해 드리겠습니다" 라며 타 부서로 연결해 드리려 했다. 그러자 갑자기 다급해진 고객님의 목소리 "아가씨, 그게 아니라~ 내가 잠깐 세금 내러 나왔다가 집으로 걸어봤는데 계속 통화 중이야. 무슨 일이라도 생긴 건 아닌지 무서워서 집까지 걸어갈 힘이 없어."

솔직히 속으로는 좀 유난스럽다고 생각했다. 할아버지신지 할머니신지는 알 수 없지만 어쨌든 아들이면 다 큰 어른일 텐데 잠깐 통화가 안 된다고 그 사이에 꼭 확인을 해야 한다는 건가?

"고객님, 많이 걱정되시면 급하신 대로 아드님 휴대폰에 일단 걸어보시는 건 어떠세요? 잠깐 자리 비우셨을 수도 있잖아요."

"그럴 수 있는 녀석이면 내가 왜 이런 걱정을 하겠어? 우리 아들이 장애인이야. 하루 종일 누워있고 어딜 돌아다닐 수도 없어. 내가 노상 옆에 있고 지금처럼 밖에 나갈 땐 전화를 옆에 두고 나가서 중간에 통화를 꼭 하는데 오늘은 전화를 안 받아. 아무래도 무슨 일이 있는 거 같아. 놀래서 심장이 다 떨리네. 아가씨가 좀 알아봐 줘~ 응?"

아뿔싸, 큰 실수였다. 오죽 급하셨으면 여기로 전화를 했겠는가? 그런데 돌아오는 대답이 고작 "휴대폰으로 걸어 보세요" 였으니 얼마나 서운하셨을까. 죄송스럽고 당황스러웠다. 머릿속에 떠오르는 말은 많은데 뭐라고 말해야 할지 모르겠다. 입 밖으로 내뱉는다고 다 말인가? 후회스러웠다.

"고객님, 죄송합니다. 그런 상황인 것도 모르고 제가 큰 실례했습니다."

"아냐, 됐어. 노인네가 노파심에 걱정이 앞서서 유난을 떠는 거지 뭐."

어머나, 내 생각이 다 드러난 건가? 잠깐이라도 그렇게 생각했던 것에 더욱 부끄러웠다.

"고객님께 직접적인 도움은 드릴 수 없어서 죄송하지만, 우선은 전화기가 잘 놓여지지 않아서 통화중인 것처럼 들리는 경우가 많으니까 너무 걱정하지 마시고요~ 제가 알아본 다음에 연락드리겠습니다."

"그래, 고마워요. 아가씨~ 빨리 연락 줘~ 응?"

나도 모르게 속으로 중얼거리고 있었다. 제발 수화기가 잘못 놓여졌기를, 부디 아드님께 아무 일도 없기를… 만에 하나라도 그렇지 않다면 내가 범한 실례를 어떻게 사과드려야 할지 앞이 막막했다. 지사로의 통화연결은 평상시에도 어렵지만 지금 이 순간은 더 기다리기 힘들었다. 초조하게 기다린 후 수화기 방치상태라는 대답을 들은 후에야 떨리는 마음이 약간 진정됐다. 정말 다행이었다.

"고객님~ 확인해 봤는데, 수화기가 잘못 놓여져 있다네요."

"그래? 그래서 그런 거래?"

"네~ 통화 중인 건 아니니까 어서 가셔서 확인해 보세요."

"아이고~ 고맙습니다. 선상님~ 참말로 감사합니다. 선상님~"

아가씨에서 선생님으로 신분 상승하는 순간이었다. 내가 직접 댁에 가서 확인한 것도 아닌데, 고객님은 마치 내가 다 해결해 드린 것처럼 고마워하셨다. 그래서 더 송구스러웠던 건 말할 것도 없다.

그 후로 TV에서 어느 장애인 부모들의 모임에 대한 시사교양프로그램을 봤는데 거기에 나온 인터뷰 중에 "내 소원은 내 딸보다 하루 더 살고 죽는 거예요" 라는 내용이 있었다. 순간 그분이 생각났다. 저렇게 간절한 마음으로 하루하루를 사시는 분인데….

내가 습관적으로 구사하는 형식적인 상담으로 인해 그분의 마음을 더 아프게 했을 거라는 자괴감이 또다시 밀려왔다. 앞으로는 모든 고객님께 내 진심을 전할 수 있게 더 노력하겠다. 언제 어떤 상황에 처한 고객님과 연결될 지 미리 알 수 없으니, 대비할 수 있는 건 오직 고객 입장에서 생각하는 진실한 마음뿐이니까.

수기 공모 응모 작품(CS 부문)

고객감동이 곧 나의 감동이다

경기 CS본부 _ **박선영**

k t i s always with you

근무한 지 이제 1년이 갓 넘었다. 이제 일도 익숙해졌을뿐더러 같은 상담과 업무에 조금씩 느슨해지면서 슬럼프에 빠져 있을 시기였다. 조금씩 고객들에게 짜증도 나면서 불성실하게 상담을 하고 있을 때쯤 어느 날이었다.

이날 또한 나는 이곳에 계속 있을 것이냐 다른 업무를 알아볼 것이냐 하는 불안정한 심리상태에서 점심시간을 맞았다.

상담사라면 한 번쯤은 느꼈을 테지만 점심시간 5~10분 정도 남겨두고 어려운 고객 또는 불만인 고객과 통화를 하게 되면 점심을 거르거나 나의 개인시간을 허비하게 되어 버려서 전화 받기가 가장 두려운 시간이다.

이날 역시 나에겐 가장 두려운 점심시간 10분 전,

"반갑습니다, 박선영입니다."

"네, 전화카드 구매하려면 어떻게 하죠?"

Olleh! 이런 질문에는 간단하게 "가까운 KT플라자 또는 인터넷에서 구입이 가능하십니다~" 라고 얘기하고 나면 상담이 종료되는 아주 간단한 문의였다. 해서 나는 너무나 친절하게 구입방법을 안내해 드렸다. 그러나 고객은 다시 반문하였다.

"여기는 경주인데 가까운 플라자가 어디 있나요?"

난감했다. 상담석에 앉아 플라자 매장 검색은 한계가 있기 때문이다. 하지만 상담사의 입장에서 "고객님이 알아서 찾아보세요"라고 할 수 있는 입장은 아닌지라 매장 검색을 해보았다.

그런데 아뿔싸! 왜 하필 경주인가? 경주엔 플라자가 없다. 조금 가까운 곳이라면 울산으로 방문할 수밖에 없었다.

"고객님, 죄송합니다. 현재 경주에는 플라자가 확인되지 않고 있습니다. 불편하시더라도 인터넷으로 구매하시는 편이 어떠시겠습니까?"

그랬더니 고객은 거의 울먹이며,

"안 돼요… 저희 집은 인터넷이 안 돼요."

그 상황에 내가 해줄 수 있는 것은 없었다.

"도움드리지 못해 죄송합니다" 하며 상담을 종료하려던 순간,

"저기요, 그럼요… 아들이 군인인데 전화 사용할 수 있는 카드 없을까요?"

이미 점심시간은 훌쩍 지나 버렸고, 동료들은 식당으로 가고 없었다. 망연자실하며,

"아드님이 군인이라면 군인들을 위한 나라사랑 카드 가입이 되어 있을 텐데요. 나라사랑 카드번호는 알고 계신지요?" 하며 상담을 이어 나갔다. 나는 속으로 어차피 이 고객은 아들의 군번도, 나라사랑 카드번호도 모를 테니 상담을 곧 마칠 수 있을 것이라 생각

했다. 역시나 고객은 아들의 군번도, 카드번호도 몰랐다. 또다시 죄송하다며 가입이 어렵겠다며 상담을 종료하려던 순간 고객은 울먹였다.

"있잖아요… 더 없어요? 아들이 훈련병이라 군번을 확인할 수도 없고 군대에는 일반 공중전화 카드를 넣어 통화할 수 있는 전화가 없대요."

천안함 사태 후 군대에 아들을 보낸 부모들의 불안한 심정을 대표로 대변해 주고 있는 듯한 간절한 음성에 나는 점심시간이고 뭐고 이 고객에게 내가 뭔가를 도와주지 않으면 안 될 것 같았다.

그런 마음이 든 순간 고객의 이름으로 KT패스카드를 우선 가입을 하고, 아들과 통화가 된 후 나라사랑카드를 재등록하는 거였다. 해서 나는 고객에게 그러한 절차를 설명해 드렸고 고객은 반색하시며 "고마워요, 언니~"를 반복했다.

고객의 명의로 KT패스카드를 가입해 드렸고, 상담시간은 약 30여 분, 나의 점심시간은 이미 20분이 훌쩍 지났으며, 동료들은 식사를 마치고 내려와 있었다.

그런데 이상한 기분이 들었다. 여느 때 같았으면 속으로 '젠장'을 몇 번이나 외치면서 상담했을 텐데 이 고객에게는 내가 알고 있는 상품의 지식을 총동원해서라도 원하는 모든 것을 해드리고 싶다는 마음이 들었던 이유는 무엇일까? 어머니가 아들을 생각하는 간절한 마음에 내가 동요되면서 내가 고객이 되었던 것 같다.

엄마와 군인 아들, 훈련병의 어머니에게 꼭 필요한 그 둘만의 빠른 소통을 할 수 있는~ 전화카드 신청방법에 대한 처리를 끝내고 난 후의 뿌듯함이란 어떤 글이나 말로도 표현할 수 없을 것 같다.

상담 종료 시 "고마워요 언니…장시간 너무 고마워요 이제 아들과 쉽게 통화할 수 있게 되었어요. 고마워요."

고객의 진정한 마음이 담긴 말씀에 나는 내가 고객에게 어떤 감동을 주었다기보단 내가 고객에게 더 많은 감동을 받았다는 사실에 한 번 더 놀라움을 감출 수가 없었다.

비록 여유로운 점심시간을 놓쳐 김밥으로 대충 때웠지만 내가 가진 직업에 보람을 느낀 더 큰 배부름이었던 것 같다. 그러면서 내가 여기에 있어야 한다는 자부심과 함께 슬럼프에 빠져 인생에 대해 고민하고 있는 나와 같은 상담사들이여!

일어나라~ 깨어나라~ 고객과의 교감을 위해!

수기 공모 응모 작품(CS 부문)

고객이 준 선물

경기 CS본부 _ **서지영**

k t i s a l w a y s w i t h y o u

벨이 울리고 첫 인사를 했는데 고객의 말소리가 들리지 않았다.

"고객님… 고객님…."

여러 차례 고객을 부르고 대답을 기다리고 있는데 전화기 저편에서 흐느끼는 소리가 들려왔다.

"고객님, 무슨 일이 있으세요? 말씀해 주시면 도와드리겠습니다."

혹 실례가 될까 봐서 명랑한 목소리를 잠시 거두고 약간 목소리를 가라앉혔다.

"우리 딸이 중3인데… 며칠 전에 혼을 좀 냈거든요. 근데 그 이후로 집에 들어오지 않아요."

고객은 계속 흐느끼듯 얘기를 이어 갔다.

"헌데 엊저녁부터 집으로 전화가 걸려 오더라고요. 근데 전화를 받으면 금방 끊어버리는 거예요. 필시 그 아이 같은데 말이에요. 방금 전에도 전화가 왔다가 금방 끊어져 버렸어요."

순간 '발신번호 확인서비스'가 떠올랐다. 그러나 고객이 특별히 협박전화도 아니고 고객이 요청하지도 않았는데 미리 권하기도 좀 그랬다. 무엇보다 그 서비스를 받는다고 해서 뾰족한 수가 생길 것 같지도 않았다. 그래서 그냥 고객에게 솔직하게 얘기를 털어놨다.

사실, 발신번호 확인서비스라는 게 있어서 상대방의 전화번호를 알 수 있다는 말씀을 드렸다. 그리고 자주 전화를 하는 것을 보니 금방 들어올 것 같으니 조금 더 기다려 보시라는 말과 함께.

고객은 "그렇겠죠?" 라고 하면서 그제야 흐느낌을 멈추고 차분한 목소리로 돌아왔다. 그리고 끊기 전에 딸과 있었던 얘기를 꺼내놨다.

"그 애도 힘들 거예요. 사실, 제가 좀 아프거든요. 지 애비 죽고 얼마 안 있어 제가 암 진단을 받았는데, 돈이 없어서 수술을 못하고 있어요. 근데 그 녀석이 지가 학교 때려치우고 돈 번다고 난리 치다가 저한테 맞은 거예요. 원래 집 나가고 그런 애 아니에요. 지 엄마가 아프니까 좀 있다가 들어오긴 할 거예요."

순간, 목에서 울컥하는 것이 올라왔다. 그랬구나… 난 그런 줄도 모르고 노는 아이를 상상했었다. 고객도 내가 혹시라도 그 아이에 대해서 나쁘게 생각하진 않을까 하는 마음이 있었던 것 같다. 착한 딸을 생각하는 엄마의 가슴이 느껴졌다.

고객은 고맙다는 말을 몇 번이고 반복한 후에 전화를 끊었다. 과연 누가 고맙다는 말을 해야 할까? 난 단순한 정보를 주었을 뿐인데, 고객은 나에게 엄마의 따뜻한 가슴을 선물했다.

상담은 일방적으로 도움을 주는 것을 의미하지 않는다. 관계는 주고받는 것이다. 상담도 마찬가지다. 상대편에게 필요한 얘기를 해주는 것뿐만 아니라, 그냥 들어주기만 해도 상대방은 많은 것을 가져갈 수 있다. 또한 그 관계 안에서 상담자도 같은 기운을 끌어온다. 기운은 동기상응 하는 법, 건네준 좋은 기운만큼 상담자에게도 좋은 기운이 돌아오기 마련이다. 때로는 위의 사례처럼 직접적으로 배울 기회가 생기기도 한다.

문득, 엄마에게 전화를 하고 싶어졌다. 퇴근하면서 전화를 드렸다. 엄만 자꾸 왜 전화했냐고 꼬치꼬치 캐물었다.

뭐 특별한 것이 있겠는가. 목소리 듣고 싶어서지….

근데 그 말은 못하고 던진 말,

"그냥…."

고객과 공단말기

서울 CS본부 _ **김수진**

ktis always with you

고객만족과 고객감동을 향해 늘 달려간다는 말에 고객센터의 매력을 느꼈고 SHOW 고객센터에 입사하게 되었다.

업무를 시작하면서 다양한 고객들을 만나며 버벅거리고, 신속하게 처리하지 못해 불편함을 드리는 모습에 좌절도 하고 업무에 대한 욕심도 나면서 일을 배우기 시작했다. 그러는 도중 고객의 만족을 넘어 고객감동을 실현할 수 있는 고객을 만났다.

신입 상담사로 여러 고객과의 만남으로 업무에 적응해 가고 있던 어느 날, 고객과의 교감으로 상담사로서 뿌듯하게 만드는 특별한 상담이었다. 임대폰 사용기간 등 반납 문의로 40대 여성 고객님이 고객센터로 문의를 해 오면서 전화상으로 만나게 되었다. 그 고객님께서는 임대폰 사용기간이 만료되어 반납해야 한다는 안내를 받고 문의했다.

고객 : 딸이 사용하는 휴대폰으로 꼭 임대폰 반납을 해야 하는 건가요?

상담사 : 2G와 3G 임대폰에 따라 기간이 정해져 있고 3G 신형 임

대폰을 임대받은 경우는 6개월 만료가 되면 반납을 해야 합니다. 반납을 하지 않으면 별도의 위약금이 발생됩니다.

고객 : 약정기간이 남아 있는데 다른 방법은 없나요?

상담사 : 연장은 1달 이후 가능하므로 지금 당장 불가하고, 다른 공단말기로 일반 기변은 가능합니다.

고객 : 딸이 쓰는 전화이기 때문에 꼭 사용해야 되는데 다른 방법이 없나요?

상담사 : 현재 새로운 기기로 보상변경은 가능하나 위약금이 발생될 수 있고 부담되신다면 1달 이후 다시 임대하는 방법 외에 다른 방법이 없습니다. 도움을 드리지 못해 죄송합니다.

1차 고객과 통화 완료 후 KT에 약정기간이 남아있는 관계로 사용하고자 하나 단말기 분실로 임대를 받아 사용했던 것으로 고객의 사정이 안타까웠다. 상담 종료 후 안타까워했던 나를 보고 파트장님께서 고객과의 상담내용을 물어 보았고 고객의 사정에 대해 이야기를 나누던 중 "집에 일반 3G단말기가 있다" 라는 말을 듣고 파트장님과 상의하여 공단말기를 가져올 수 있도록 부탁했다.

해지된 일반 단말기로 기기변경하게 되면 고객님의 남은 약정기간 동안 사용도 하고 위약금도 발생되지 않으며 KT를 오래 사용할 수 있겠다라는 생각이 들었고, 고객님의 안타까운 사연에 조금이라도 도움이 되고 싶었다.

다음 날 파트장님을 통해 단말기를 받았고 고객님께 임대폰을 드리려 전화를 했으나 연결이 되지 않았다. 공단말기가 구해졌으니 확인하시면 연락 달라고 고객님께 문자를 발송하고 혹시나 다른 상담사와 상담하게 되면 볼 수 있도록 SR 이력에도 남겨 놓았다.

문자를 확인한 고객은 다시 고객센터에 인입하여 나를 찾았고 상담을 했던 상담사는 개인 알림으로 나에게 이 소식을 전해 왔다. 여느 때와 같이 상담을 하고 있다가 고객님의 개인 알림을 확인하고 기쁜 마음으로 연락을 하게 되었다.

상담사 : 안녕하십니까, 고객님, KT고객센터입니다. 고객님, 임대폰은 반납하셨습니까?

고객 : 아이가 늦게 들어와서 아직 반납하지 못했습니다. 위약금이 발생되었다고 연락이 와서 걱정하고 있었습니다.

상담사 : 아 그러십니까? 임대폰은 하루 빨리 반납하시고, 고객님 혹시 단말기 구하셨습니까?

고객 : 아직 아무것도 못했습니다. 새로 기기를 변경해야 될 것 같습니다.

상담사 : 어제 고객님과 통화 끝난 후 다행히도 공단말기를 구할 수 있어서 고객님께 도움드리고자 연락드렸습니다.

고객 : 어디서 구했어요? 어떻게 된 건가요?

상담사 : 고객님 사정을 듣고 공단말기를 가진 사람이 있어 부탁했습니다. 평생 쓰셔도 되고 위약금도 없습니다. 고객님께서 본인 유심만 장착하여 사용하시고 싶은 기간만큼 사용하시면 됩니다.

고객 : ……(2~3분간 아무런 대답이 없음).

상담사 : 고객님!

고객 : 아니, 그게 아니라 무슨 말을 해야 할지 몰라서요, 정말 너무 고맙습니다.

상담사 : 아닙니다. 약정기간 동안 불편 없이 이용하시기 바랍니다. 제가 도움을 드리게 되어 더 기쁩니다. 공단말기는 택배로 보내드리겠습니다. 이번 주에 받으실 수 있도록 하겠습니다. 받으시면 잘 이용하시고 문의사항은 고객센터로 전화해서 저를 찾으시면 됩니다.

고객 : 너무 감사합니다. 너무 고마워서 뭐라 할말이 없네요. 고맙습니다.

이후 택배로 단말기를 배송했고 며칠 뒤 확인 결과 단말기를 받아 정상적으로 유심 이동을 통해 기기변경 처리완료된 것을 전산으로 확인했다. 얼굴도 모르는 고객이었지만 내 도움 하나로 고객이 약정기간 동안 편하게 사용할 수 있게 되어 뿌듯하고 마음이 따뜻해졌다.

이 일을 계기로 고객감동은 어려운 것이 아니라 고객의 입장에서 생각하며 공감하는 것, 비록 전화상이지만 교감이 되어 마음이 전달되는 것임을 배우고 느끼게 되었다.

ktis always with you!

ktis 고객 상담 수기 모음집

행복♡포인트

고객님께 행복한 가치를 전달합니다!

수기 공모 대상 수상작(DA 부문)

114 상담사에게 월드컵이란?

강원 114본부 _ **유미경**

ktis always with you

만약에 '114 안내원에게 월드컵이란?' 이라는 주제로 질문을 한다면 참으로 다양한 의견이 나오지 않을까 싶다. 나의 머릿속에는 시쳇말로 '폭풍 콜' 이란 단어가 떠올랐다.

2010년 남아공 월드컵 우리나라 첫 경기가 열린 시각은 6월 12일 토요일 밤 8시 30분, 여러 사람이 모여서 부담 없이 볼 수 있는 축제가 될 환상의 시간대였다. 그러나 114 안내원에게는 호 폭주가 예상되면서 비상근무라는 피할 수 없는 운명이 기다리고 있었다.

기억을 거슬러 올라가 보면, 2002년 한일 월드컵은 낮 시간에 우리나라 경기가 많아서, 전 직원이 회사에서 단체로 맞춰준 빨간색 'Be the Reds' T셔츠를 입고 휴게실에서 응원을 했다. 고객들도 축구를 보느라 잠시 업무를 중단하였는지 드문드문 들어오는 콜을 받으면서 휴게실에서 들리는 "와~", "아잉!", "어… 어…" 라는 탄성 소리와 "대한민국 ~ 짝짝짝 짝짝!" 응원하는 소리에 귀를 쫑긋 세우고는 빨리 쉬는 시간이 되어서 경기를 보고 싶었던 기억이 난다. 일본과 우리나라가 월드컵을 공동개최하였고, '꿈은 이루어진다' 는 붉은 악마의 응원 구호처럼 우리나라가 4강까지 올라가다

보니 월드컵이 이런 거구나 하며 처음으로 실감했던 것 같다.

2006년 월드컵 때는 비상근무를 하기도 했고, 남편과 집에서 응원한 것 같기도 한데 우리나라가 16강 진출로 끝나서 경기가 많지 않아서인지 기억이 가물가물하다.

드디어 2010 남아공 월드컵 토요일 첫 경기를 앞둔 태극전사들이 마음을 가다듬고 경기를 준비하며, 온 국민이 붉은 악마가 되어 삼삼오오 거리응원 장소로 집결하는 시각, 나는 예정된 비상근무를 하러 회사로 출발했다.

나를 비롯한 안내관리팀의 경우 114 전문상담원은 아니지만 여름휴가철이나 이렇게 특별히 콜이 밀릴 때는 비상근무를 나와서 호처리를 돕는다.

그런데 서울에서 직장을 다니는 남편이 토요일인데도 일 때문에 집에 못 왔다. 30개월 된 아들을 돌봐줄 사람이 없어서 할 수 없이 아들을 포대기에 업고 간식과 장난감을 챙겨 버스를 타고 회사로 왔다. 회사에 왔더니 비상근무를 나온 직원들이 아들을 반겨줘서 다행이었다. 결혼을 안 한 누나들이 예뻐해 주고 데리고 놀아주니 엄마는 잠시나마 해방감도 느낄 수 있었다.

잠시 후 콜이 밀리기 시작했다. 아들에게 과자와 음료수를 쥐어주고는 엄마는 폭풍콜 속으로 들어갔다. 쏟아지는 114 문의에 통닭, 족발, 중국집, 호프집 등등 정신없이 안내하고 있는데 1시간이 넘어가니 아들이 졸린지 엄마에게 매달리며 칭얼거렸다. 아기 우는 소리가 고객한테 들리면 안 되는데 걱정을 하면서 포대기로 업고 엉거주춤 의자에 걸터앉아 콜을 받았다. 좀 큰 아이들은 엄마를 따라와서는 휴게실에서 뛰어놀고 있었지만, 현수는 아직 어려서인지 엄마 등에 찰싹 달라붙어 있었다. 114 안내가 전화응대라 망정이지 이 모습을 고객이 본다면 얼마나 황당할까? 월드컵으로 늘어난 114 문의전화 때문에 아기를 업고 고객 응대를 한다는 사실을 상상이나 할 수 있을까? 다행히 아들이 얌전하게 업혀 있어서 한 콜 한 콜 무사히 안내를 잘하고 집으로 돌아왔다.

두 번째 경기가 있던 날도 아들과 함께 출근을 했는데, 이 녀석이 오자마자 엄마 자리를 먼저 차지하고 앉아서는 "방가~슙니다, 고갱님~" 하고 혀 짧은 소리로 흉내를 낸다. 이 녀석이 그냥 옆에 앉아만 있는 게 아니고 엄마가 뭘 하는지 관심 있게 보았구나 싶어서 대견하기도 했다.

16강 진출로 예정에 없었던 경기가 있게 된 날도 아들과 함께 비상콜을 받으러 회사에 왔다. 이제는 회사에 오는 것이 제법 익숙한지 엄마가 일하는 동안 얌전히 장난감을 가지고 놀고, 울지도 않고 노래도 부르며 재롱도 떤다. 이날은 아들이 부장님께 '언니'라는 호칭을 불러서 한 턱 쏘라는 팀원들의 성화에 못 이겨 부장님은 다음날 점심으로 칼국수를 사기도 했다.

이렇게 또 한번의 월드컵이 지나갔다. 태극전사들이~ 심장이 터질 듯 열심히 남아공 월드컵경기장을 누비고, 온 국민이 승리를 간절하게 응원할 때 114 안내원은 고객님이 찾는 곳을 신속하고 정확하게 안내하려고 온 신경을 집중한다.

2002, 2006, 2010, 2014, 2018, 2020… 언제까지 나는 월드컵 때 114 안내원으로 지내게 될까? 114 안내원을 하는 동안은 비록 모두 모여 응원하는 장소에 갈 수 없겠지만 '피할 수 없으면 즐겨라' 는 말처럼 114 안내원으로서의 특별한 월드컵을 즐겨야 할 것 같다.

수기 공모 우수상 수상작(DA 부문)

사랑합니다 고객님~

강원 114본부 _ **원미정**

ktis always with you

사랑합니다 고객님~

114를 걸게 되면 가장 먼저 듣게 되는 "사랑합니다 고객님~" 이라는 첫 인사, 그 인사가 "반갑습니다 고객님~" 으로 새롭게 바뀐지 얼마 되지 않은 어느 날의 일이다.

그날도 평소와 별다를 것 없이 무척이나 바쁜 오전 시간을 보내고 있었는데, "반갑습니다 고객님~" 하고 첫인사가 나가자마자 대뜸 웬 남자가 왜 사랑한다는 인사를 하지 않느냐며 반문부터 하는 것이 아닌가.

나는 순간적으로 이 남자가 전화를 잘못 걸었거나 아니면 짓궂은 장난전화를 거는 것이 아닌가 싶은 생각이 들었지만 다시 한 번 차분하게 문의 내용을 물었다.

그러자 이 남자는 또다시 반문한다. 왜 사랑한다고 말하지 않느냐고….

하루 중 제일 바쁜 오전 시간대에 이런 쓸데없는 장난전화를 받으니까 순간 기분이 살짝 나빠졌다. 그렇지만 그런 표현을 함부로 드러낼 수는 없는 법, 나는 다시 한 번 마음을 가다듬은 후 얼마 전부터 첫인사가 바뀌었다고 차근차근 설명해 드렸다.

그제야 그 남자는 자신의 신분(?)이 군인이라면서 조심스레 얘기를 꺼내놓았다. 직업 특성상 하루도 예외 없이 남자들의 굵직하고 무뚝뚝한 목소리만 듣게 되는데, 어쩌다 가끔 114에 전화 걸 일이 있을 때면 듣게 되는 맑고 예쁜 목소리의 '사랑' 멘트가 마치 자신에게 하는 말처럼 들린다는 것이었다.

그래서 본인에게만 하는 인사가 아님은 잘 알면서도, 그 인사를 받을 때면 괜스레 더 설레고 기분까지 좋아진다는 것이었다. 가끔씩은 얼굴을 볼 수 없는 안내원들이 어떤 모습일지 궁금하다고도 했다.

그 군인 아저씨의 조금은 엉뚱한 이유를 듣다 보니 우리가 그저 아무런 감정 없이 의무감으로 했던 첫인사 한마디가, 누군가에게는 '기분 좋은 설렘'이 될 수 있다는 사실이 새삼스럽게 느껴졌다.

매일 똑같이 반복되는 일상, 그다지 별다를 것도 없는 비슷한 날들의 연속이라고만 생각했었는데 내가 하는 말 한마디, 내가 짓는 미소 한 줌이 거창하진 않더라도 나와 통화하는 어떤 이들에게는 작은 힘이 될 수도 있고, 하루를 기분 좋게 시작할 수 있게 해주는 활력소가 될 수도 있음을 다시 한 번 생각하게 되었다.

사실 일에 지치거나 개인적인 고민들로 힘들어질 때면 일하면서도 문득문득 다른 생각들을 할 때도 있었고, 아주 가끔은 딴 생각에 고객의 문의 내용을 놓쳐서 다시 물어야 할 때도 있었는데, 그런 아주 사소한 실수들이 내 목소리만을 통해서도 그대로 전해지고 느껴질 수도 있음에 다시금 나를 돌아보게 되었다.

통화 끝 무렵 그 군인 아저씨는 마지막 간곡한(?) 부탁이라며 예전의 그 첫인사 딱 한 번만 다시 듣고 싶다는 작은 소망을 털어놨다. 솔직히 조금은 쑥스럽기도 했지만 나는 그 어느 때보다도 더 맑고 예쁜 목소리로 정성을 담아서 "사랑합니다 고객님~~~!!" 하고 '특별 인사'를 건넸다.

그러자 그분은 너무너무 고맙다며 전화를 끊는 마지막 순간까지도 내내 아쉬움과 미안함을 감추질 못했다.

지금 생각하면 작은 미소를 짓게 하는 조금은 오래된 일이지만, 그날 이후 난 전보다 조금 더 나의 일에 자부심을 가지게 되었다. 성우나 아나운서만큼 예쁘고 매력적인 목소리의 소유자는 아니지만, 내 진심이 담겨 있고 내 마음이 들어 있는 '소중한' 나의 일이니까….

수기 공모 장려상 수상작(DA 부문)

다시 시작할 수 있는 용기를 심어주는 곳

경기 114본부 _ **유영숙**

k t i s   a l w a y s   w i t h   y o u

무더운 여름이 지나가고 이제 막 가을의 문턱에 들어선 9월…

아직 가을을 기대하기 좀 더운 날씨였지만 들녘에 피어난 코스모스를 보며 이제 곧 다가올 가을에 가슴이 설레었던 시절이 있었다. 다른 때와는 달리 유난히 그 해 가을이 그토록 설레었던 것은 내 직장 생활에 큰 변화가 있었기 때문이었다. 강산이 한 번 바뀌고도 몇 년의 세월을 더 보낼 때까지 하루도 거르지 않고 출근했던 회사를 이제 출근하지 않는 재택근무로 변환하면서 나의 새로운 재택업무는 가을을 기다리는 설렘보다 더 나를 설레게 했다.

계절 탓인지 날씨 탓인지 요즈음 식욕이 좀처럼 생기지 않아 입맛 돋을 찬거리를 찾아 마트를 향해 대문을 막 나서는데 평소에 친근하게 대해 주셨던 동네 아주머니의 반가운 목소리가 들려왔다.

"새댁! 집에서 일하게 되었다며? 잘~되었네."

회사의 세심한 배려로 재택근무를 하게 된 나에겐 아주머니의 인사가 더 없이 반갑게 들렸다.

"네~ 이제 집에서 근무할 수 있게 되었어요" 라고 말하며 "그런데 어떻게 알게 되었어요?" 라고 되물었더니, 아주머니가 공원에 앉아 있는데 큰딸 예진이가 와서 "우리 엄마 이제 집에서 일하시게 되었어요" 라고 하더라는 것이다. "집에서 돈도 벌고 아이들도 돌볼 수 있으니 얼마나 좋아?" 라고 말씀하시면서 마치 당신의 일인 양 기뻐하시며 지나 가셨다. 딸 예진이는 동네에서 한 번이라도 낯이 익혀진 사람이면 엄마가 집에서 일하게 되었다며 좋아라 자랑을 해댔다. 그도 그럴 것이 예진이는 초등학교 1학년 8월까지 학교와 학원을 오가며 혼자 집에서 엄마가 돌아올 시간만을 기다리며 외로운 시절을 보냈다. 그동안 남모르게 쌓아왔던 외로움의 무게를 동네 아시는 분들께 자랑 삼아 말하면서 훨~ 훨~ 떨쳐버리고 있는 것 같았다.

어렴풋이 사무실로 출근하며 생활했던 시간들이 떠올려졌다. 이른 아침부터 부랴부랴 준비하고 출근하고 나서 부랴부랴 서둘러 오면 저녁 7시였다. 아이들이 잠들기 직전인 밤 10시 전까지는 전쟁 아닌 전쟁을 한바탕 치러야 했다.

학교 숙제는 했는지, 준비물은 챙겨 놓았는지, 일기는 썼는지… 아이들과 행복하고 즐거운 대화의 시간을 갖는 대신 엄마로서 챙겨주지 못하는 부족한 부분들을 아이들에게 닦달하며 늘 요구하고 있었다.

모든 사람 앞에서 자신 있게 내놓을 수 있는 직장을 다니고 있다는 자부심과 함께 엄마로서도 성공하고 싶었는데 가정으로 돌아와 아이들을 돌볼 때면 늘 무너지는 엄마였다.

그러던 중 나는 회사가 주는 또 한번의 기회를 잡기로 결정했다.

평소에 자부심을 가지고 근무했던 우리 회사에는 재택관리과가 있었다. 일에도 승부욕이 있고 아이들에게 좋은 엄마가 되고 싶어 했던 나에게 우리 회사는 '재택근무'라는 좋은 기회를 선물해 주었다. 회사의 배려로 재택근무를 하게 된 지 석 달까지는 날아갈 듯이 기뻤고 일을 하면서도 전혀 피곤함을 느끼지 못했다.

"대한민국에 이런 회사가 어디 있어! 최고의 회사야!" 라고 외치며 찬사를 보내고 석 달 하고 며칠이 더 지날 즈음 재택근무의 즐거움은 점점 사라지고 있었다.

야간에 근무를 해야 하는 조건이 있었기 때문에 늘 밤낮의 구분이 힘들어졌고 휴일이 되어도 누적된 피로로 인해 휴일 아닌 휴일을 보내야 했다. 함께 근무하는 동료도 없이 혼자 피곤함을 감수하며 해내야 했던 재택근무는 처음 기대와는 너무 달랐다.

어느 날 소파에 놓여진 아들의 그림 속에서 '안방에 누워 있는 나의 모습'을 발견하곤 깜짝 놀랐다. 우리 아이들에게 엄마는 '잠만 자는 엄마' 였던 것이다.

갑자기 심신의 피곤이 밀려오는 것 같았다. 아이들을 잘 돌보겠다는 기대와는 달리 잠자는 모습의 엄마로 비쳐지는 것도 힘든데 내 마음에 밀려오는 외로움은 창밖에 빗소리에도 눈물을 뚝뚝 흘리게 했다.

이렇게 재택근무에 대해 흔들리는 마음이 생기게 될 즈음 나는 또 다른 경험을 하게 되었다. 나의 아들 우진이는 가끔 잠을 자다 무서운 꿈을 꾼다. 어느 날인가 야간근무 중 그날도 우진이가 무서운 꿈을 꾸었는지 일어나 울고 있는데도 맡겨진 근무로 인해 발만 동동 구르고 있었다. 엄마가 통화 중이라는 것을 알고 다른 때 같았으면 펑펑 울었을 아이가 "엄마, 일해~" 하며 손으로 입을 가리며 흐느끼고 있었다. 엄마의 근무 고충을 아는 아들이 대견하기도 하고 안쓰럽기도 한 야릇한 밤이었다.

아이들은 이미 엄마의 일을 그리고 엄마의 고충을 이해할 만큼 성숙해 있었던 것이다. 그래서 나름대로 재택근무가 성공적이라고 말하고 싶다.

요즘 맞벌이 부부들의 가장 큰 문제는 육아 문제라고 해도 과언이 아니라고 본다. 이런 사회적 문제를 해결해 줄 수 있는 방법 중에 하나가 재택근무가 아닐까 생각해 본다. 자녀를 둔 맞벌이 부부에게 재택근무는 '가뭄 속에 단비'와도 같기 때문이다. 그러나 단순히 집에서 근무한다고 해서 재택근무가 쉬운 일만은 결코 아니다. 회사에 출근해 근무하는 일보다 어쩌면 2~3배 더 힘이 드는 일일 수도 있다. 육아, 가사, 업무 등을 한꺼번에 해내야 하는 만만치 않은 숙제가 기다리고 있기 때문이다. 그러나 힘든 만큼 보상도 따르는 법, 아이들은 엄마의 모습을 보면서 엄마를 이해해 주고 엄마의 고충을 함께 감수해 낼 줄 아는 아이들로 성장해 있었던 것이다.

맞벌이 부부로서 해결할 수 없었던 육아문제를 혼자 끌어안고 회사를 그만 두어야 할지 말아야 할지 갈등 속에서 우리 회사는 우리 가정에 행복의 열쇠를 쥐어 주었다. 직원들의 가장 큰 애로점을 알고 극복할 수 있는 기회를 제공해준 우리 회사에게 감사의 찬사를 보낸다. 더불어 지금도 모든 문제를 극복하고 그 어디에선가 회사를 위해, 가정을 위해, 자신을 위해 최선을 다하는 동료들에게 파이팅!을 보낸다.

수기 공모 장려상 수상작(DA 부문)

고객님의 생활 속으로

서울 114본부 _ **임경민**

ktis always with you

어느 뜨거웠던 여름 오후에 한꺼번에 몰아닥친 폭풍과도 같은 고객님들의 문의가 있던 하루였다.

오늘도 어김없이 고객님들의 궁금증을 풀어 드리기 위해 서울에서 경기로 경기에서 강원으로 자리를 옮겨가며 열심히 일하는 우리 생활안내 조직원들 사이에서 "네에? 영문법을 물어 보신다구요…" 라는 말이 터져 나왔다.

우리들의 시선은 당연 집중!

장난이 아닌 정말이지 난감한 고객님의 속삭이는 듯한 목소리.

"네에, 울 아덜이 물어봤는데… 대답을 어찌 해 주어야 하는지 몰라서요… 114에서 영어도 안내한다고 해서… 대충이라도 알려 주심 안 될까요?"

우리들의 주고받는 눈빛에서는 'Oh my god!'

그러나 울 부서에는 불가능은 없다. 조직원들 말이 필요 없이 각자 인터넷에 자리 잡고 단어 검색, 문법 검색, 모든 만반의 준비를 끝내고… 고객님이 불러주신 문장대로… it이 가주어라 이러쿵 해서 해석은 저러쿵 이차 저차 해서 여차했습니다. 간신히 긴 통화를 마무리짓고 우리는 모두 긴 숨을 들이쉬었습니다.

오늘은 어려운 문의가 이젠 없겠지….

그러나 연이어 들려오는 울 조직원들의 복창 소리.

"네, 고객님! 조동화와 조동찬 중에 누가 동생인지 알고 싶단 말씀이십니까?"

"네, 고객님! 터키가 유럽인지 아시아인지 어느 곳에 속해 있는지 알고 싶단 말씀이십니까?"

"네, 고객님! 콜럼버스가 어느 나라 사람인지가 궁금하시단 말씀이십니까?"

"네, 고객님! 친구 분과 종달새가 무슨 색인지를 가지고 내기를 하셨는데… 종달새의 색깔이 무슨 색이냐 말씀이십니까?"

Jesus….

오늘의 고객님들은 우리를 너무 당황케 하는 질문들을 하시는 것이었습니다. 컴퓨터 자판 위를 춤추듯 움직이는 손가락들 사이로 쏟아져 나오는 검색 창들을 보면서도 눈동자는 고객님이 원하는 물음의 답을 찾기 위해 쉼 없이 이리 저리 돌립니다.

컴퓨터에서 뿜어져 나오는 열기로 후끈 달아올라 한증막이 된 사무실에서 3초 기다림도 지루해하시는 고객님께 틈틈이 중간보고도 잊지 않는다.

"고객님, 기다리게 해드려 죄송합니다… 고객님 조동찬이 삼성 라이온즈에 있고요 동생입니다."

"고객님, 터키는 80%는 아시아 대륙에 있고 10%는 유럽대륙과

붙어있는데 수도가 유럽대륙 쪽에 있어서 그들은 유럽대륙에 속한다고 주장합니다."

"고객님, 크리스토퍼 콜럼버스는 이탈리아의 제노바 출생입니다."

"고객님, 종달새의 색은 갈색을 띠는 무늬가 있습니다."

우리들의 답변이 끝나자 "와우, 감사합니다. 114에서 이런 것도 안내해 주네요, 감사합니다" 하시면서 고마움을 표시해 주시는 고객님들….

때로는 지하철 막차를 물어보시면서 환승해야 하는데 어떤 걸음으로 걸어야 하는지도 물어보시는 고객님… 자가용만 타고 다녀서 기차는 처음이라 모른다며 쫌 많이 황당하게 질문하시는 고객님들 때문에 당황스러울 때도 있지만 114에서 기차 안내, 지하철 안내를 해주어서 고맙다는 어르신들을 대할 때마다 우리 부서 참으로 좋은 부서라는 생각을 하게 된다.

앞으로도 더 많이 노력해서 고객님들의 부족한 2%를 채워드리기 위해 노력해야겠다.

수기 공모 최우수상 수상작(CB 부문)

칭찬합시다

동국대병원 _ **장은정**

ktis always with you

오늘도 목이 많이 잠기진 않았나 뜨거운 커피 한잔으로 일을 시작하는 게 하루 일과가 되었다

어느 토요일, 토요일은 오전근무만 있고 또 진료가 없는 교수들이 많고 이로 인해 환자들의 컴플레인도 많아 특히나 지치는 날이기도 하다. 잘 나오지 않는 목소리 때문에 신경이 더 예민해져 있던 찰나 한 어르신이 외래진료 예약을 위해 전화를 주셨다.

습관적, 사무적인 멘트로 통화를 시작하고 증상에 관한 상담을 한 후 "본원 피부과에는 특진의와 전문의가 있으시고 특진의를 선택하여 진료를 받으시면 특진비가 부과되십니다" 라고 안내를 해드렸다.

그러자 어르신께서 크게 웃으시며 말씀하셨다.

"허허허! 나는 돈 없어서 비싸면 못 보니까 젊은이로 해줘."

순간 웃음은 이미 터졌지만 애써 침착하게 참고 말씀드렸다.

"아, 아버님! '젊은 선생님' 이 아니시구요… 특진이 아니신 일반 '전문의 선생님' 입니다. 예약을 도와드릴까요?"

"응~? 일반 젊은이라고 ? 난 잘 모르니까 그렇게 해줘… 근데 일

반 젊은 양반이 진료두 봐? 허허허!"

다시 한 번 어르신의 이해를 도울 수 있도록 설명을 했을 때는 이해를 하셨고 어르신이라 어려운 설명은 이해하시지 못할 수도 있다는 부분을 알면서도 형식적인 설명만을 하려고 했던 나에게 오히려 "내가 귀도 안 들리고 늙어서 잘 못 알아먹어 미안해. 근데 아가씨 목소리가 참 듣기 좋네…" 라며 칭찬을 해주시는 게 아닌가.

순간 칭찬을 듣고 통화를 마무리하고 나니 기분이 좋기도 하고 좀 더 쉽고 친절하게 잘 응대할 걸 하는 아쉬움과 미안함이 많이 남는 전화였다.

칭찬은 고래도 춤추게 한다던데….

나도 그날만큼은 어느 때보다 더 즐겁게 일하지 않았나 생각해 본다.

칭찬이 좋다는 건 다들 알고 있지만 자기 자신한테 하는 칭찬에는 인색한 것 같다. 남에게 듣는 칭찬 혹은 남에게 해주는 칭찬도 좋지만 자기 자신한테도 칭찬을 아끼지 말고 하는 게 좋을 것 같다. 그로 인해 긍정적인 자세를 갖는다면 마인드컨트롤 하는 데 도움이 되지 않을까 생각해 보았다.

그리고 나는 요즘 매일매일 나에게 아낌없이 칭찬하며 조금이나마 스스로 행복해지는 방법을 찾은 것 같다.

수기 공모 우수상 수상작(CB 부문)

컴퓨터로 세금을 내고 싶은데요?

정부민원안내 콜센터 _ **이정숙B**

k t i s a l w a y s w i t h y o u

7월은 재산세 납부의 달로 어르신께서 날씨도 덥고 해서 컴퓨터로 세금 내는 방법을 배우기 위해 전화를 걸었다고 하셨다. 위택스(지방세 종합 정보 시스템 : www.wetax.go.kr)를 통해 고지조회 방법을 안내하여 인터넷으로 납부하시도록 안내를 했다. 오후 내내 일을 하면서도 인터넷 납부를 하기 위해서는 인터넷 금융결제원 지로 사이트에도 가입해야 되는데 납부를 잘하셨는지 마음이 쓰였다.

1시간쯤 후 조금 한가한 틈을 타서 어르신께 세금 납부는 잘 하셨는지 전화를 드렸다. 전화를 받자마자 세금 한번 내기가 이렇게 힘들어서야 어디 사용하겠냐면서 역정을 내셨다.

우선 죄송하다는 말씀을 드리고 보여지는 화면을 여쭤본 후 지로 사이트에 회원가입이 되어 있지 않음을 알게 되었다. 보통은 지로 사이트 안내를 받도록 전화 연결을 해드리지만 오랜 시간 애쓰고 있던 터라 연결을 해드린다고 하면 더욱 역정을 내실 것 같아 지로를 이용했던 기억을 더듬어 회원가입부터 계좌 등록 방법까지 자세히 설명하여 정상적으로 납부하실 수 있도록 안내하였다.

정상적으로 납부하시고는 흡족해 하시며 나이가 들어 컴퓨터를 몰라서 미안했다고 말씀하시고 전화를 끊었다.

통화 종료 후 업무를 보고 있는데 쪽지가 왔다. 성함은 여쭙질 않아 몰랐으나 전화번호가 눈에 익은 번호였다. 재산세 납부를 도와드렸던 어르신임을 알고 순간 지로 사이트 안내를 잘못해서 중복 납부가 된 건 아닌지 걱정이 되었다. 불안한 마음을 가라앉히고 심호흡을 한 후 수화기를 들었다. 어르신은 매우 반가워하시며 오랜 시간 친절하게 설명을 너무 잘 해주었다며 극찬을 하셨다. 칭찬을 하고 싶으셔서 다시 전화를 하신 거라며 여러 차례 송구스러운 마음이 들 정도로 극찬을 하시고는 전화를 끊으셨다.

나의 작은 지식과 노력으로 누군가를 만족시킬 수 있었던 보람된 하루였다. 많은 민원인들을 모두 만족시킬 수 있도록 더욱 열심히 노력하는 내가 되기 위해 오늘도 열심히 살아간다.

수기 공모 우수상 수상작(CB 부문)

세상에 이런 일이!

정부민원안내 콜센터 _ **박혜선**

kt is always with you

110번 정부민원안내 콜센터에 근무한 지 어언 4년이 다 되어 갑니다. 110번에는 항상 다양한 문의가 인입됩니다. 근무하면서 여러 문의 내용을 접하지만 그 중 아직도 기억에 남는 한 이야기를 소개하려고 합니다.

오늘은 또 어떤 문의가 들어올까? 기대하고 있는데 따르릉~ 소리와 함께 전화가 걸려 왔습니다.

충남 공주에 거주하는 어느 젊은 여성이었습니다.

조심스럽게 머뭇거리며 "저기… 이런 것도 여기에 물어 봐도 되나요?" 라는 말을 꺼내시면서 멋쩍은 웃음을 지으셨습니다.

내용을 들으면서 저는 '허걱!' 놀라움을 감출 수가 없었습니다. 너무 뜻밖의 내용이었기 때문입니다.

"제가 상가에서 레스토랑을 운영하고 있는데요, 며칠 사이 상가에 쥐가 들락거리는 것을 보고 너무 놀랐어요. 처음에는 그냥 한두 마리 정도 보이는 것 같아 신경을 쓰지 않았는데 며칠이 지난 뒤에 보니 너무 자주 보이기 시작하는 거예요. 그래서 아무래도 안 되겠다 싶어 쥐의 근원지를 찾던 중 상가 앞 보도블록이 깨져 있는 것을 보았는데, 세상에 거기에서 쥐가 서식을 하고 있더라고요. 제가 얼마나 놀랐던지…. 헌데 이것 때문에 장사하는 데 지장도 있고 손님들이 보면 그 쥐로 인해 매상도 떨어질 거 같아서 도대체 이런 것은 어디에 물어봐야 할지 몰라서 전화했습니다."

민원인 입장에서 생각할 때 얼마나 난감했을지 상상이 되었습니다. 보도블록 안에서 쥐가 살다니… 세상에 이런 일도 있구나! 신기하기도 하고 소름이 돋았습니다.

보도블록은 관할 시, 군, 구에서 관리하기 때문에 해당 공주시청으로 조치요청을 할 수 있다는 안내와 함께 공주시청으로 관련내용을 전달하고 협조를 요청하였습니다.

민원인은 "이런 일도 도움을 받을 수 있구나" 하며 너무 감사하다고 함박웃음을 지었습니다. 감사하다는 말을 들으니 제가 직접 해결을 한 건 아니지만 덩달아 도움이 되었다는 생각에 기분이 좋았습니다.

몇 시간 뒤 협조 요청 건에 대한 답변이 왔는데 "도로교통과 도로관리 담당자가 민원인과 전화 통화하였으며 해당 보도블록을 보수하기로 하였습니다" 라는 답변을 보면서 처리가 잘되었구나 하는 생각에 또 한번 뿌듯한 마음이 들었습니다.

그 후로 며칠이 지난 뒤 처리가 되었는지 궁금하여 민원인에게 확인해 보았더니 이제는 모두 다 처리되어 깔끔한 보도블록이 되었고 쥐도 더 이상 나오지 않는다고 고맙다고 하였습니다.

혹시라도 주위에 '설마 이런 것도 110번에 문의해도 될까? 이런 것은 어디서 확인하지?' 하는 의심이나 궁금증이 생기신다면 주저 없이 110번으로 전화 주세요. 110 정부민원안내 콜센터 직원 모두 친절하게 상담해 드리겠습니다!

사채업자 팀장님

스카이라이프 광주고객센터 _ **주차진**

ktis always with you

체험수기 응모를 하는데 뭘 어떻게 써야 할지 한참을 고민했지만 학창시절부터 글과 담을 쌓고 살아온 나에게 답이 나올 리 없다.

두서 없이 생각나는 대로 아직 수습도 끝나지 않은 나의 스카이라이프 고객센터 상황을 적기로 한다.

학교 졸업 후 꽤 오랜 시간 직장생활을 해왔기 때문에 두려움 따윈 없었다. 익히 들은 바 있는 민원이란 것도 서비스직에 종사한 경험이 있어 의욕과 자신감만 앞서 있었다. 그랬다. 적어도 교육이 끝날 때까지는…. 실전에 투입되어 교육 내내 나름 열심히 했건만 머릿속이 하얗다. 그렇게 혼자 중얼거리며 연습했던 인사말 하나조차도 쉽지 않다.

주위 도움을 받아 조금씩 알아가지만 시간이 갈수록 쉬워질 거란 예상은 빗나가고 갈수록 어렵게 느껴진다.

나의 고객들은 참 다양하다. 나의 월급을 주고 일자리를 제공해주니 고맙게 생각하지만 아닐 때가 더 많다. 솔직히 요즘 느끼는 거지만 해지 반려 민원도, A/S 일정 민원도 이제 어느 정도 이해한다. 그런데 가입자로 인입해서 통화하기 힘들다는 민원은 정말 미안하다. 내가 생각해도 공감이 좀 되는 듯….

첫 민원을 받고 울었던 날을 기억한다. 화를 내며 소리를 지르는 것도, 욕설을 하는 고객도 아니었지만 아직 업무에 미숙한 나에게 하나씩 따지고 드는 고객은 정말 감당하기 힘들었다.

클레임 전담반이 있지만 이관하는 것조차 나에겐 쉽지 않았다.

내가 바보같이 느껴져서일까. 무엇 때문인지도 모르는 채 눈물이 나기 시작하는데 주위에서 하는 위로는 눈물샘만 자극할 뿐이었다. 시간이 지나니 잊혀지고… 또 민원에 징징거리고… 포기하고 싶다. 팀장님한테 힘들어서 못하겠다고 이러쿵 저러쿵… 그만둔다고 했다가 반려당했다.

그래! 다시 해보자 마음먹었다.

'힘이 되어 주는 동기도 있고, 날 이끌어준 절친도 있고, 떡 하니 담배 피우라는 흡연실도 있고, 막히면 뚫어주는 팀장님도 있으니 버텨보자!'

나의 동기들은 유독 일찍 출근한다. 업무 시작 전 여유 있는 동기간의 수다는 꿀맛이다. 아침 출근길을 조금은 가볍게 해주는 힘이 된다.

며칠 지나지 않아 또 한번의 고비가 왔다. 물론 처음 시작은 민원 때문이지만 팀원들과 그 스트레스를 풀고 들어갔을 때 우리집 가장은 그걸로 힘들어하고 있었다.

"토닥토닥, 어쩌고저쩌고… 나, 그만둔다!"

"그래, 그만둬!!"

퇴사를 결정하고 또 반려당할까 봐 무단결근을 했다. 신랑한테까지 전화한 팀장님한테 미안해서 결국 통화를 했고 퇴직서를 쓰러 오라는 말에 택시까지 타고 갔다. 그런데 낚!였!다!

나의 퇴사는 또 반려당했고 끈질긴 사채업자 같은 팀장님의 승리로 끝나 난 또다시 출근한다. 난 오늘도 민원을 받았고 또 언제 그만둔다 투덜거리고 울며 팀장님을 괴롭힐지 모른다. 하지만 내일 아침이면 일단 또 출근한다. 나의 동기들과 수다를 떨 수 있는 기대와 매일 듣는 잔소리들, 나도 언젠가 달성하리라 마음먹으며….

수기 공모 장려상 수상작(CB 부문)

도라에몽

스카이라이프 광주센터 _ **임미순**

kt is always with you

전화를 받았더니 5살 정도 남자아이의 다급한 목소리가 들렸다.

고객 : TV가 멈춰서 안 나와요.

상담사 : 고객님, A/S 접수를 위해서 정보 확인 가능하실까요?

고객 : 모르는데….

물론 알 수가 없겠죠.

상담사 : 엄마나 아빠 없어요?

고객 : 없는데….

상담사 : 그러시면 부모님 오시면 다시 연락주시겠어요?

전화를 끊으려는 순간,

고객 : 잠깐만요!

상담사 : 네, 고객님!

고객 : 도라에몽 어떻게 됐어요?

상담사 : 네?

고객 : 도라에몽이 산을 넘었는데….

꼬마 고객은 만화영화 도라에몽을 보던 중인데 화면이 멈춰서 연락을 주신 거였어요.

상담사 : 아, 도라에몽이요?

고객 : 네, 알려주시면 안 돼요?

상담사 : 몇 번 채널인데요?

고객 : 655번이요!

상담사 : 잠시만 기다려주시겠어요?

고객을 잠시 기다리게 하고 TV화면을 돌려 655번 채널을 돌렸습니다. 고객의 말대로 도라에몽이 어디론가 열심히 뛰어가는 화면이 나오더군요.

상담사 : 고객님! 도라에몽이요, 산을 넘어서….

고객 : 아, 그렇구나… 그 다음에는요?

제 설명에 어찌나 행복해하던지 저도 모르게 열심히 설명하다 보니 10분 가까이 도라에몽 만화를 설명해줬습니다.

너무나 행복해하던 꼬마 고객의 목소리에 저 또한 잠시나마 동심으로 돌아갈 수 있었습니다.

수기 공모 장려상 수상작(CB 부문)

얼마면 되겠니!

서울아산병원 전화예약실 _ **이명숙**

k t i s   a l w a y s   w i t h   y o u

점심시간이 지나고 나른해질 무렵 상담원이 급히 나를 찾는다.

"팀장님~, 예약으로 상담 이력은 작성되어 있는데 접수가 안 되어 있습니다. 보호자분께서 많이 화나셨어요. 어떡할 거냐 그러시는데… 통화 부탁드려요."

잠이 확 달아나는 순간이다. 부디 우리 상담원의 실수가 아니길 기도하며 클릭클릭.

상세히 작성되어 있는 상담 이력을 비웃듯 접수한 흔적은 그 어디에도 없다. 통화에 집중하다 보니 미처 접수는 못한 듯했다.

우선 해당 진료과에 당일 접수가 가능한지 원내번호를 꾹꾹 눌러본다.

"정성을 다하겠습니다. 소화기 내과 ○○○ 간호사입니다."

"네, 선생님. 예약실 이명숙 팀장입니다. 죄송합니다만…"으로 시작된 통화는 사정사정 끝에 당일 접수 오케이로 종결. 최대한 빠른 진료를 부탁한 후 일단 한숨 돌리고~ 책임자와 통화를 원했던 환자의 보호자인 아들에게 전화를 걸었다.

"안녕하십니까? 서울아산병원 전화예약실에 이명숙 팀장입니다. ○○○님 보호자분 되십니까?"

또박또박 이름 석자를 강조하며 최대한 상냥한 음성으로… 허걱! 보호자의 숨소리도 들리지 않는다. 이미 분노는 하늘을 찌르고 있는 상황인 듯… 이어지는 칼날 같은 음성.

"내가 전화하라 한 지가 언젠데 이제사 팀장이랍시고 전화질이야? 니네 때문에 허비한 이 시간을 어떻게 보상할래@$%@#~"

진료 절차가 어쩌구 저쩌구와 관리자로서 대신 사과드린다는 이런 말들은 이 고객에게 있어 말 그대로 핑계일 뿐이다.

키 입력 오류로 인한 컴플레인 발생 시 대개의 환자들은 정중한 사과와 빠른 진료로 화가 누그러지기 마련인데 이 고객은 이미 진료여부를 떠나 본인의 감정에만 완전 올인하고 있었다.

한마디 한마디 말꼬리 잡기에 달인에다 시간 환산으로 따지기의 달인에… 보상의 달인이라니!

대화는 필요 없었고 급기야 "어떻게 보상할건지 확인해서 전화해!!" 하더니 일방적으로 전화를 끊어버렸다.

보호자가 이 정도이다 보니 외래 간호사도 응대 불가. 결국 보호자를 민원 담당 부서인 '열린상담실'로 안내했고 상담실 담당자는 어떻게 처리할 거냐며 그저 내게 따져 물을 뿐 당최 답을 찾을 수 없는 상황이었다.

대개 보상을 요구할 경우, 진위 여부를 확인하고 교통비 정도의 보상이 따를 수 있으나 이 고객이 요구하는 보상은 시간에 대한 보상이었다. 시간… 얼마나 될까?

그래, 어차피 사람이 하는 일인데 어떻게든 부딪혀 보면 해결되겠지 하는 맘으로 보호자에게 다시 통화 시도를 하려는 찰나 방정맞게도 울려대는 전화벨 소리….

띠리띠리 띠리리~ 열린상담실 담당자였다.

"팀장님! 혹시 예약실에서 보호자한테 방금 전화드렸나요? 어따대고 돈을 요구하느냐며 예약실 직원이 전화를 걸어 따진 모양인데 지금 이 사람 난리났어요."

난 이제 막 전화 시도를 하려던 참이었는데 예약실의 누가? 왜?

그럴 리가 없다며 그 보호자의 휴대폰 번호로 녹취를 조회해 봤더니…

어라? 방금 사고친 상담원이 그 보호자와 통화한 녹취록을 발견하고 열린상담실 담당자에게는 일단 내용을 확인한 다음 다시 연락드리겠다며 통화를 끝냈다.

문제의 녹취를 듣기 시작한 순간, 이런 천인공노할!

"예약해 드린다 했던 상담원인데요, 돈을 요구하셨다고요? 얼마면 되는데요? 잘못은 내가 했는데 왜 여러 사람 괴롭히는 건데요?"

황당해하며 소리를 질러 대는 그 보호자의 말 따윈 아랑곳하지 않고 상담원은 자기 속에 있는 말을 거침없이 참으로 속 시원하게 막 질러 대고 있었다. 결국 화가 머리 끝까지 난 보호자가 전화를 끊으면서 통화는 끝이 났다.

문제의 상담원을 불러 사건 경위에 대해 묻자 내게 처리를 부탁했던 동료 상담원으로부터 내용을 듣고 처리과정을 지켜보던 중

어린 마음에 감정을 조절하지 못하고 욱하는 맘으로 거침없이 하이킥을 날려버렸다는 것이다.

상담원 역시 흥분상태였고 본인은 정의의 사도로서 나쁜 악당고객을 응징하였을 뿐이라는 얘기였다.

아비규환… 설상가상… 오마이 갓!

어떤 말로도 지금 이 상황을 표현하기에 부족할 듯했다.

예약실에서 모든 문제를 처리하겠노라 열린상담실 담당자에게 전화해 보니, 이미 예약실을 맡고 있는 원무팀 UM 님께 모든 정황을 알린 후 처리요청을 한 상태라는 것이었다.

이 문제가 내 손을 떠난 문제인지 이제부터 시작된 문제인지 헷갈려하며 넋 놓고 앉아 있을 때 울려 대는 전화벨….

원무팀 담당 UM 님이었다. 예약실 관리자로서 면목 없고 그 어떤 소리를 해도 고개를 들지 못할 상황이었다. 모든 말씀이 다 맞았다. 병원을 대표하는 전화예약실! 병원과 환자의 첫 접점!

그렇다. 우리는 바로 예약실이다. 예약실 상담원은 개인으로서 평가되는 것이 아니라 병원 전체 이미지로 고객에게 보여지며 컴플레인 고객을 진정시켜도 시원치 않을 판에 오히려 클레임을 유발하고 사태가 이 지경까지 오게 하다니….

그래도 철없는 상담원은 고객에게 보상을 하겠다고 나섰다. 그럼 병원 이미지 훼손에 대해 병원 측에서 상담원에게 보상을 요구하면 몇 억, 몇 십억의 가치는… 그 보상에 대해서는 어떻게 처리할 건데요.

사건은 결국 담당 UM 님의 정중하고도 끈기 있는 거듭된 사과와 해당 직원을 징계하는 조건으로 해결되었다.

현재 아산병원 콜센터에는 나를 포함하여 49명의 직원들이 고객 응대를 하고 있다. 상담원 개인의 성향 차가 있고, 10인 10색의 고객을 접하는 업무를 하다 보니 어떤 방식으로든 고객 클레임 유발 사례는 가장 흔하고도 가장 풀기 힘든 숙제일 수밖에 없다.

불만사항 처리를 직접 대면한 상황이라고 생각한다면 그 결과는 어떨까? 생각도 해보면서 상담원 개개인이 나의 상담 자세에 대해 돌아볼 수 있는 계기가 되길 바라면서… 일명, "얼마면 되겠니!" 원빈 사건은 그렇게 일단락되었다.

이제 내가 해야 할 일은 상담원들에 대한 마인드컨트롤, 유사사례가 발생치 않도록 끊임없는 상담품질교육 강화와 코칭 또 코칭, 그래도 코칭뿐인 듯하다!

수기 공모 장려상 수상작(CB 부문)

도너츠로 부끄러워진 상담

인천길병원 콜센터 _ **조희정**

ktis always with you

오전시간 호흡기 내과 진료를 보기 위해 전화로 문의하는 중년의 남성분이었다. 예전에 진료를 받은 적이 있는 재진환자였고, 오늘 오전에 꼭 진료를 봐야 한다고 했지만 그 시간은 이미 오전 당일 접수 마감시간인 11시 30분을 향해 가고 있었다.

"죄송하지만, 오전 당일접수 마감시간이 다가오고 있어서 오늘 진료는 어렵겠습니다" 라고 안내했지만 환자분은 오늘 오전에 꼭 진료를 보고 싶다는 말을 재차 강조하셨다.

어차피 다시 확인해도 진료가 어려울 텐데 오늘 꼭 진료를 받고 싶다는 말씀에 좀 귀찮았지만 혹시나 하는 마음으로 진료과 간호사와 통화해보겠다고 했다. 다행히 간호사는 11시 30분보다 늦게 도착해도 진료가 가능하다고 해서 환자분께는 "진료과에 확인해보니 조금 늦어도 진료가 가능하시다고 합니다. 최대한 빨리 내원하셔서 접수해 주시기 바랍니다" 라고 말씀드렸다. 환자분은 매우 고마워 하시며 "꼭 답례하겠습니다" 라며 통화가 종료되었다.

이와 유사한 상담은 하루에도 수차례 있는 지극히 평범한 통화이므로 통화가 끝난 후 대수롭지 않게 생각하고 넘어갔다. 그런데 오후쯤 우리 콜센터로 어느 젊은 여성분이 도너츠 한 박스를 들고 와서 내 이름을 부르는 것이었다. 알고 보니 오전에 상담했던 그 중년 남성의 자녀분이었다.

아버지가 오전에 무사히 진료를 보게 되어서 매우 감사했다며 자녀분에게 꼭 답례하라고 하셨단다. 환자가 어려운 부탁을 한 것도 아니고, 진료과 간호사에게 확인만 해서 안내한 것뿐인데 감사하다고 직접 찾아와 인사를 해주시니 부끄럽고 민망했다.

그냥 오늘 진료가 안 될 거라고 묵살해 버리려고 했고, 진료과에 다시 확인하는 걸 귀찮게 생각했었는데, 이런 답례를 받을 자격이 없는 것 같은 마음에 인사를 와준 자녀분에게 제대로 인사도 못 드리고 돌려보냈다. 같이 일하는 주변 동료들도 무슨 일이 었었느냐, 얼마나 친절하게 상담해서 도너츠 선물을 받은 거냐 등등 물어보는데 딱히 할 말도 없었다.

환자분이 보내주신 도너츠를 감사히 맛나게 먹으면서 자격도 되지 않는데… 하는 부끄러운 마음이 가득했지만 한편으로는 뿌듯하고 보람 있었다.

그 후 환자분들과 상담할 때 귀찮은 마음을 가지지 않으려고 노력한다. 나에게는 매일 비슷한 상담의 반복이지만 환자분들 입장에서는 정말 중요한 상담이라는 걸 알았기 때문이다. 우스갯소리지만 그 후 최선을 다해서 상담하는데 이제는 도너츠나 답례를 해주는 환자분이 없다. 언젠가는 제대로 된 상담으로 당당히 답례받을 날을 기다리는 중이다.

수기 공모 장려상 수상작(CB 부문)

행복전도사 115

KT115 _ **김미경**

ktis always with you

"안녕하십니까! KT 상담원 김미경입니다."

오늘도 명랑하고 활기차게 하루를 시작한다.

우리 115센터는 고마운 이, 사랑하는 이에게 행복을 전하는 희망센터이다. 하지만 통신시설 발달로 전보는 전화가 대신하고 그 전화는 더 진화되어 걸어 다니면서 언제 어디서나 손에서 떼려야 뗄 수 없는 핸드폰으로 발전하고 있다. 핸드폰으로 인터넷을 하는 세상, 화상통화로 멀리 떨어져 계신 부모님께도 아이들의 재롱을 보여주는 그런 세상에 우리는 살고 있다.

최첨단 시대에 살고 있는 우리에게 전보는 무슨 의미일까?

어르신들에게는 향수를 불러일으키고 신세대에게는 활자화된 마음을 전달하는 그런 일! 우리 센터가 하고 있는 일이 그런 일이다. 매일매일 115를 알리며 한 분 한 분의 고객님과 마음의 데이트를 하고 있다.

내가 6년 가까이 상담사로 일해 오면서 여러 가지 기억에 남는 일들이 참으로 많다. 손주한테 생일 축전을 보내시던 할머니, 건강하고 씩씩하게 무럭무럭 자라서 큰 일꾼이 되어라. 호호 하고 웃으시는 할머니에게서 손주에 대한 각별한 사랑이 느껴졌다.

갓 결혼한 새색시, 시어머님, 시아버님께 잘 살겠노라고 예쁜 글로 정성을 다해 쓴 글을 읽어 내려가는 그 떨림에서 꽃처럼 예쁘게 피어 갈 새댁의 미래가 전보로 고스란히 전해져 왔다.

또 한번은 남편이 아내에게 생일 전보를 보냈다.

"어떤 문구가 좋을까요?" 라고 물으시길래

"변함없이 사랑하는 당신의 생일을 진심으로 축하합니다. 어떠십니까?" 라고 여쭈어 보니

"그거네! 딱 내가 하고 싶은 말이네!" 하며 좋아하셨다.

"보내시는 분은 어떻게 넣어드릴까요? 고객님, 사랑하는 남편으로부터 어떠십니까?" 라고 여쭈어 보니

"좀 간지럽지 않나?" 하며 수줍게 웃으신다.

"고객님, 이럴 때 한번 해 보세요. 사모님이 얼마나 좋아하시겠어요" 라고 하니 그걸로 하시겠단다.

부끄러웠을 뿐이지 아내에게 진실한 사랑을 표현하고 싶었던 것이다. 나는 또 이렇게 행복 전도사가 되어 고객분들이 그동안 하고 싶지만 하지 못했던 쑥스러운 사랑 얘기를 전달하며 뿌듯해 한다.

어느 날은 할아버지에게서 전화가 왔다.

"전보 내용은 어떻게 넣어 드릴까요?"

"아가씨, 내 아들이 4명이요. 다들 서울대 나와서 교수, 의사 다 잘 나가는 자식들이요. 그 자식들을 내가 어떻게 키웠는데… 어른 공경 안 하고 아무리 교수고 의사면 무엇하냐. 어른 공경하는 공부

부터 하라고 넣어주시요."

이렇게 한탄하시는 전보를 보내셨다.

나도 딸 셋을 키우고 있는 입장에서 나의 아이들에게 인생은 공부뿐이라고 출세뿐이라고 강요하고 있지는 않은지 또 우리 아이들도 이렇게 자기 성공만을 위해 살아가고 있는 것은 아닌지 나는 또 한번 나를 돌아보고 반성해 본다. 전보 상담일을 하면서 또 다른 인생의 가르침을 배우면서….

갓 군에 입대한 아들에게 전보를 보내시던 또 한 분의 고객님!

사랑하는 아들을 잠시 떠나보낸 어머니의 목소리에는 작은 떨림이 느껴진다.

"사랑하는 나의 아들아…."

그리고는 아무 말씀이 없으셨다. 말을 하시다가 목이 메셨던 것이다. 고객님께서 미안해 하셨다.

"고객님, 괜찮습니다. 아드님이 군대간 지 얼마 안 되었나 봐요. 아드님 생각 많이 나시죠? 별 탈 없이 건강하게 군복무 잘 마치고 돌아올 겁니다."

이렇게 고객님께 힘을 보태 드렸다.

아들을 향한 어머니의 애틋한 마음이 전화선을 통해 그대로 전해져 오는 것 같았다. 이 일을 하면서 고객님들의 다양한 사연들을 많이 접한다. 같이 웃어주면서 어느 땐 같이 공감하면서, 또 안타까워하면서 고객님들과 하나가 되려고 애쓴다.

비록 2~3분의 짧은 통화지만 희망 메신저로서의 역할을 나는 오늘도 기분 좋게 즐긴다.

또 이 일을 하면서 고객님들께 많은 칭찬을 듣는다. 내 며느리 삼고 싶다는 어르신, 나를 회사에 스카우트하고 싶다는 분들, 만나서 꼭 커피 한잔 사주고 싶다는 분들! 이러한 말들을 들을 때마다 물론 농담 반이겠지만 내가 어디 가서 이런 말들을 들어보겠는가! 실제 내 얼굴을 보면 다들 등 돌리실걸….

그래도 나를 기분 좋게 해주시는 고객님들이 계셔서 나는 오늘도 즐겁다! 세상에 115 전보를 알리고 전보 한 장으로 마음을 풍요롭게 할 수도 있다는 것, 사랑과 행복을 전할 수 있다는 것을 확인하며 힘차게 인사한다.

"오늘도 좋은 하루 되십시오!"

수기 공모 장려상 수상작(CB 부문)

우리는 1% 남직원

서울보훈병원 콜센터 _ **이상준**

ktis always with you

저는 케이티스 서울보훈병원 콜센터에 근무하는 상담원 이상준이라고 합니다. 저는 남자 상담원입니다. 사실은 전에 보훈병원 고객지원팀 인턴사원으로 일했었습니다. 인턴이 끝나던 때에 마침 케이티스 콜센터 사원을 모집한다기에 지원하게 되었습니다.

보통 콜센터를 생각하면 여성분들이 많이 일하신다고 생각하십니다. 저 또한 그렇게 생각했고요. 제가 듣기에도 케이티스 전체 상담원들 중에 남자 상담원은 5%도 안 된다고 들었습니다. 그렇지만 앞으로는 남성분들도 많이 도전할 만한 직업이라고 생각합니다. 참고로 저희 콜센터에는 남자직원이 3명 있습니다. 전화를 받다 보면 가끔씩 남자가 전화를 받냐고 물으시는 분들도 있습니다.

남직원과 여직원의 차이점이 있다면 여직원은 부드러운 섬세함이라고 한다면 남직원은 믿음직스럽다고 해야 할까요? 저의 사견입니다. 그리고 여자 상담원에게 말하기 힘든 부분도 얘기할 수 있어 좋다고 하시는 분들도 있습니다.

가끔씩 외국인도 전화를 해서 진료예약을 잡으시는데 그때도 재미있습니다. 제가 영어를 조금 합니다. 저희 병원은 주로 진료 보는 고객분들이 국가유공자나 가족분들입니다. 물론 일반 고객분들도 오시고요. 보통 국가유공자란 단어가 생소하실 겁니다. 국가유공자란 나라를 위해 공헌하거나 희생한 사람, 순국선열, 애국지사, 상이군인, 국가사회 발전을 위한 특별공로 순직자분들을 말합니다. 그래서 저희가 전화를 받을 때는 더욱 더 친절히 모셔야 합니다. 국가를 위해서 희생하신 분들이니까요. 그렇지만 저도 사람인지라 가끔씩 화가 날 때도 있지만 재미있는 경우도 많습니다.

재미있는 얘기를 하자면 주로 우리 병원 고객님들은 연세가 높으신 편입니다. 주민등록번호를 물어봤는데 갑자기 전화기 버튼 누르는 소리가 들리는 겁니다.

띠~~띠~띠띠띠띠….

주민등록번호를 누르시는 겁니다. 조금 황당했습니다.

콜 상담을 하다 보면 여러 경우가 많은데 가장 보람 있었던 일은 고객분 자녀가 군대에서 머리를 다쳐서 우리 병원에 진료를 예약하시는데 우시면서 예약을 하시는 겁니다. 저는 그때 예약 일정이 안 되는데도 불구하고 해당 외래에 부탁해서 일정을 빨리 잡아 드렸는데 정말 고맙다고 하신 것이 기억에 남았습니다. 저도 가끔 다른 직종의 콜센터에 전화를 걸어 민원을 해결하곤 합니다. 어떤 곳은 불친절하고 어떤 곳은 친절하고… 정말 콜센터는 그 회사의 얼굴인 것 같습니다. 앞으로도 병원의 얼굴이 돼서 열심히 받아야 할 것 같습니다.

서울보훈병원 콜센터 파이팅~~~!

수기 공모 장려상 수상작(CB 부문)

작은 관심이 내게 준 보람

정부민원안내 콜센터 _ **양승애**

k t i s a l w a y s w i t h y o u

제대로 어떤 말씀을 하시는지 정확하지 않은 발음으로 문의하시는 민원인은 연세가 많으시고 귀가 많이 어두우신 할머니의 목소리였습니다. 발음이 정확하지 않은 관계로 순간 긴장이 되고, 단어 하나하나에 최선을 다해 귀 기울여 들었습니다.

3일 전부터 수도고장으로 단수가 되었으며 어떤 원인으로 인해 수돗물이 공급되지 않는지 모르겠다고 도움을 요청하셨습니다. 확인해보니 오늘만 해도 벌써 5번째 전화를 주시는 거였습니다. 기관 안내 후 연결을 해 드리기로 마음먹었지만, 계속적으로 전화를 주신 것을 보니 연결만으로 해결이 잘 될 것 같지 않았습니다.

먼저 해당 기관 안내를 했지만 정확히 알아듣지 못하시고 계속적으로 혼잣말만 하셔서 민원인과 의사소통이 어려운 상태였습니다. 또한 안타깝게도 민원인 대신에 전화를 받아주실 분도 옆에 없었습니다. 민원인께 거주하시는 주소를 확인하고자 여쭈어 보았지만 정확한 주소도 잘 모르시고 해당 동과 번지만을 되풀이하셨습니다.

우선 민원인께 민원처리를 꼭 해드리겠다는 약속을 하고 전화를 끊긴 했지만 사실 걱정이 앞섰습니다. 민원인의 거주지 동을 여러 방법으로 확인해 보았지만 결국 확인되지 않았습니다. 그래서 먼저 인입번호로 확인되는 국번이 어느 지역인지 확인해 보았습니다. 마산지역으로 확인되어 마산시 상수도 사업소로 전화하여 민원인의 현재 상태와 그리고 지금 민원인께서 많이 불편하신 상태에 있기 때문에 가능하면 직접 방문을 하여 빠른 처리가 될 수 있도록 간곡히 부탁드렸습니다. 담당자도 흔쾌히 처리를 해주겠다고 했습니다. 정말 다행스러웠습니다.

그리고 며칠 후 민원처리가 잘 되었는지 확인하고자 민원인께 다시 전화를 드렸습니다. 전화를 받긴 하셨지만 역시나 통화하기가 쉽지 않았습니다. 민원인께서는 무슨 말인지 잘 들리지 않으니 나중에 다시 전화를 하라고 하셨습니다.

그리고 또 며칠 후 다시 연락을 드렸더니 이번엔 할아버지께서 전화를 받으셨고 다른 젊은 분을 바꾸어 주셨습니다. 그래서 다른 분을 통해 민원처리 사항에 대해 확인할 수 있었습니다. 다행히도 상수도 사업소 담당자가 직접 현장에 나와서 바로 처리를 해줘서 지금은 수돗물이 잘 나온다고 하셨습니다.

정말 다행이었고 내 일처럼 기분이 좋았습니다. 우리도 가끔 단수가 되었을 때 짧은 시간이지만 너무 불편하고, 미리 단수시간을 알고 있어도 길게만 느껴지는데 민원인께서는 3일 동안 물 공급을 받지 못하여 얼마나 불편하셨을까요?

그래도 민원처리가 잘 되어 기분이 좋고 일하는 보람을 느낄 수 있었던 하루였습니다.

앞으로 민원인들에게 생활의 작은 불편도 구석구석 모두 110번이 바로 해결하여 조금이나마 커다란 만족을 줄 수 있도록 더 열심히 일해야겠다는 다짐을 다시 한 번 해봅니다.

수기 공모 우수상 수상작(CS 부문)

'안내'와 '상담'

경기 CS본부 _ **김다영**

k t i s a l w a y s w i t h y o u

지금 여러분의 집전화 혹은 이동전화는 어떤 노래를 하고 있나요? 실제로 요즘 사람들은 다양한 음악으로 자신의 기분을 표현합니다. 미니홈피나 블로그에 배경음악을 지정하기도 하고, 핸드폰에 벨소리로 지정하기도 하며 타인이 자신에게 걸었을 때 음악이 나오는 컬러링을 구매하기도 합니다. 이 중에서도 타인에게 자신의 기분을 알리거나 공유하고 싶은 노래를 컬러링에 지정하는 경우가 많습니다. 자신이 듣기보다는 남이 듣는 일이 더 많은 것이 컬러링이기 때문입니다.

제가 상담을 시작한 지 얼마 되지 않아 어떤 할머님께서 100번으로 문의를 주신 일이 있습니다.

"아가씨, 내가 노인이라 이런 것 할 줄 몰라서 그러는데, 아가씨 장윤정의 꽃이라는 노래 알아요?"

지극히 조심스러운 질문이었습니다. 사실 저는 장윤정이라는 가수의 노래를 잘 모르고 그저 대국민 히트곡 '어머나' 정도만 알고 있었습니다. 하지만 할머님의 조심스러운 물음에 비록 업무에 관한 내용이 아닐지언정 "모릅니다 고객님~" 하고 끊을 수는 없었습니다.

초고속 광랜 인터넷을 회사에서 그냥 장식으로 제공한 것은 아니기에 얼른 장윤정의 꽃 노래를 인터넷에서 검색해 보았습니다. 애달픈 사랑 노래더군요. 저는 할머님께 얼른 그 노래를 안다고 말씀드렸습니다. 그러자 할머님은 너무 좋아하시면서

"아~ 그럼, 나 우리 집 전화에서 그 노래가 나오면 좋겠는데~ 내가 설정할 줄을 몰라. 그거 비싸요?"라고 하셨습니다. 저는 그때 업무에 미숙해서 링고 홈 상품에 대해 잘 모르고 있었고 음원 변경은 링고센터로 호전환해야 한다라는 생각을 가지고 있었기 때문에 사실 한순간 망설임이 있었습니다. 그냥 링고센터로 호전환해 드리고 빨리 다른 전화를 받을까 하며 귀찮은 생각이 잠깐 들었기 때문이었습니다.

하지만 생각해 보니 100번의 시스템과 링고에 대해 잘 모르는 할머님을 그냥 호전환해 버리면 저는 편하겠지만 할머님은 똑같은 설명을 하시는 번거로움이 생길 것 같았습니다. 또 일찍 돌아가신 저희 할머님이 생각나기도 하고, 제가 지금 이 순간만큼은 KT와 100번을 대표한다는 생각이 들었습니다. 그래서 한번도 해보지 않은 업무였지만 배운다는 생각으로 팀장님께 과정에 대해 자세히 여쭤 본 후 음원 변경에 도전했습니다.

근 1년 정도 근무를 해오면서 링고 음원 변경쯤은 쉽게 할 수 있게 되었지만 사실 어떤 일이든지 처음은 가슴 떨리는 법입니다. 똑같은 노래도 리믹스 버전, 댄스 버전, 오리지널 버전 등등 여러 종

류가 있기에 할머님께 일일이 여쭈어 가면서 설정을 해드리고 가격에 대해서도 자세한 안내를 해드렸습니다.

그렇게 하는 도중에도 할머님은 "내가 괜히 아가씨를 귀찮게 하는 것 같아 미안하다" 고 하시며 계속해서 미안한 기색을 표하셨습니다. 결국 무사히 원하시는 장윤정의 꽃을 설정해 드렸고 할머님은 제게 감사의 인사를 몇 번이나 하고 전화를 끊으셨습니다.

전화를 끊고 나서 처음 해보는 업무에 대한 결과를 확인하는 마음으로 할머님 댁에 전화를 해보았습니다. 그때 장윤정의 꽃이 흘러나올 때의 기쁨과 뿌듯함은 말로 다 설명하기 힘들었습니다. 할머님 댁의 집전화는 곱디고운 음성으로 장윤정의 꽃을 노래하고 있었습니다. 그저 단순히 통화 신호가 울릴 때와 다르게, 장윤정의 꽃을 노래하는 할머님의 전화는 자꾸만 다시 전화를 걸고 싶은 그런 전화가 되었습니다.

그 후로도 가끔 전화에 특정 음악을 설정하고 싶다는 분들이 전화를 주실 때마다 웬만하면 링고센터로 호전환하지 않고, 음악을 찾아서 마이크를 통해 직접 들려드리고 가사를 확인하고 설정해 드리고는 합니다. 그럴 때마다 처음 음원을 변경해 드렸을 때 기뻐하셨던 할머님이 생각납니다.

비단 링고 음원 변경뿐만이 아니라 모든 상담이 마찬가지라고 생각합니다. 고객분들은 100번에 전화를 할 때 단순한 단답형의 '안내' 를 받으려고 전화를 하는 것이 아닙니다. 자세한 '상담' 을 받으려고 전화를 합니다. 그럴 때 물론 빠른 업무처리를 위해 예,

아니오 등의 단순하고 빠른 대답으로 대처하는 것이 좋을 수도 있겠지만 그렇게 하기보다는 각각 고객분들의 특성에 맞추어 노인분들은 연세에 맞게 쉬운 설명을, 빠른 처리를 원하시는 성격이 급한 분들은 빠른 업무처리를, 자세한 내용에 대해 문의하시는 분들은 업무 지식 사이트를 참고하여 자세한 상담을, 그리고 상담사도 인간이다 보니 정말 모르는 내용이 나왔을 때는 모른다고만 하지 말고 일단 전화를 끊고 한 템포 쉬면서 팀장님과 함께 의논하여 정확한 상담을 해주는 것이 진정한 상담사의 도리라고 생각합니다.

100번에 전화를 거는 고객 한 분 한 분이 모두 만족할 만한 상담을 받고 원하는 바를 모두 잘 확인하여, 다시 걸고 싶은 그런 콜센터가 되었으면 하는 바람입니다.

또한 저부터도 오안내, 오처리, 불친절이 없는 상담사가 되기 위해 앞으로도 열심히 공부하며 노력하겠습니다.

ktis always with you~!

수기 공모 우수상 수상작(CS 부문)

KT… 나에겐 소중한 보석!

서울 CS본부 _ **김은지**

kt is always with you

중학교 단짝 친구의 소개로 입사하게 된 KT 고객센터… 과연 내가 잘 할 수 있을까? 생각하며 두려움으로 시작한 이 일이 어느덧 2년을 향해 달려가고 있습니다.

처음에는 미칠 듯 힘이 들고 "이건 내 일이 아니야…" 라고 생각하며 힘들어하던 그때 그 순간이 기억납니다. 하지만 지금은 이 소중한 직업이 저에게 기쁨과 희망을 주는 보석 같은 직업이 되어 버렸네요.

모든 교육 과정이 끝나고 한 콜 한 콜 받을 때의 설레임과 두려움 그리고 떨림…. 여러분들은 아직도 그때 그 순간이 생생하게 기억나시나요? 때로는 고객들이 무섭기도 하고 또 때로는 그 많은 상담사들 중에서 나에게 인입된 불쌍한 고객들에게 미안해하기도 하며, 또 어떤 날들은 고객 때문에 화가 나기도 또 행복해 하기도 하면서 지냈던 그 시간들, 여러분들의 머릿속에는 그 모든 순간들이 어떤 추억으로 남아 있으신가요?

저는 지금 이 순간 슬럼프로 인해 가장 힘들어하던 때에 단 한 분의 고객으로 인해 모든 힘든 일을 다 잊고 행복이라는 걸 느끼면서 아직까지 KT에 남아 있을 수 있도록 위로해 주었던 너무나 감사하고 잊을 수 없는 그때의 그 추억으로 되돌아 가보려 합니다.

입사 후 9개월 정도가 지났을까? 하루하루 출근길이 교도소같이 답답하게만 느껴지고, 회사 입구만 와도 머리가 어지럽고, 정말 일하기 싫다…라는 생각을 떨쳐 버릴 수 없었을 정도로 일이 하기 싫을 때가 있었습니다.

당연히 일이 하기 싫다 보니 업무를 대충대충 처리하기 시작했고, 오처리, 처리 누락으로 오는 젯메일(jetmail) 쪽지들은 숨통을 콱콱 막기 시작했지요. 이렇게 업무 스트레스에서 벗어나지 못하고 있었던 순간… 정신적으로 더 큰 고문이 찾아왔습니다.

업무처리를 하고 있는 도중 엄마한테 전화가 왔습니다.

"엄마! 왜?~"

엄마는 울면서 말씀하셨어요.

"은지야, 아빠 또 쓰러지셨어…."

사실 우리 아빠는 교통사고로 인해 뇌수술을 받으셨고 집에 누워만 계셨거든요. 항상 아빠가 내 옆에 살아 계시는 것만으로도 감사해 하며 아빠라는 존재에 의지하고 살아가던 저에게 아빠의 두 번째 뇌출혈은 상상할 수 없는 큰 고통을 안겨 주었습니다. 그 후 며칠간의 휴가를 끝내고 다시 출근을 하게 되었습니다. 오늘도 역시 변함없이 젯메일 쪽지가 옵니다.

〈긴급! 상담사님 고객 강성 민원이세요. 전화 끊지 않고 끝까지 기다리신다고 합니다. 통화 끝나시는 대로 답장 좀 주세요. 바로

연결할 게요. 확인결과, 휴가 때 들어온 서류… 114 게재 누락 건이 었어요.〉

고객 목소리가 심상치 않게 느껴졌습니다.

아니나 다를까 정말 냉정한 목소리로 말씀하시더라고요.

“아가씨 같은 사람이 거기 앉아 있으니까 KT가 발전을 못하는 거야. 아가씨는 이런 거 하나 제대로 처리 못하면서 월급 받는다는 게 우습지 않아? 114안내 안 나가서 손해 본 부분 다 보상해요. 아가씨 같은 사람이 그 큰 대기업에 있다는 게 한심하네요….”

보상하라는 고객의 말씀들… 너무나 흔하게 자주 듣는 말이지만 그날따라 너무 서럽게만 느껴졌습니다. 아마 나도 모르게 너무 많이 지쳐있는 내 마음을 몰라주는 고객한테 서운한 마음이 들었나 봅니다. 순간 왈칵 눈물이 나기 시작했어요. 그리고 고객에게 솔직히 말씀 드렸지요.

“고객님, 정말 죄송합니다~ 사실 아버지께서 뇌출혈로 쓰러지셔서 수술을 하셨어요. 그래서 며칠 출근을 하지 못했었어요. 오늘 출근해서 아직 서류를 다 확인하지 못했습니다. 고객님께 큰 피해를 끼친 점 정말 너무너무 죄송합니다.”

그런데 그 순간 고객의 목소리가 떨리기 시작하는 걸 느낄 수 있었습니다. 그리고 그 고객은 흐느끼기 시작했어요.

“아가씨! 내가 너무 미안해요~ 내가 지금 아가씨 마음 누구보다 잘 알아. 우리 아저씨가 뇌출혈 때문에 뇌수술하고 지금은 장애인이 되어 버렸어. 그래서 그 고통이 얼마나 큰지 또 그 가족의 희생이 얼마나 대단한지… 그거 누구보다 내가 잘 알아….”

그때 그 순간 나에 대해 아무것도 모르는 이 고객이 그 누구보다 제 마음을 잘 알아주는 것 같이 느껴지면서 가슴이 찡해지기 시작했습니다. 그러면서 나도 모르게 그 고객에게 위로를 받고 있는 제 자신을 발견하게 되었지요.

“아가씨~ 몇 날 며칠 아무것도 먹지 못하고 울었지? 심신이 많이 힘들 텐데 내 딸 같은 사람한테 몹쓸 말 해서 미안해요. 요즘 경기가 너무 어려워서 평소라면 그냥 넘어갈 수 있었던 일이 너무 예민하게 느껴진 것 같네. 아버지가 이제 아무런 힘이 없으실 거야. 아가씨가 지금보다 더 많이 사랑해 드리고 보듬어 드려요. 그리고 회사 열심히 다녀서 돈 많이 벌어 아버지 좋은 약도 해 드리고. 아가씨! 아까는 가슴에 못 박는 말 해서 미안해요….”

저는 이 고객이 정말 진실된 마음으로 저를 위로하고 있다는 걸 가슴으로 느낄 수 있었어요. 고객의 위로를 받는 순간 그 고객에게 너무 감사하고 여러 가지 감정이 복받쳐 올라 감사하다고 몇 번씩 말씀드리면서 결국 엉엉 울어버리고 말았습니다. 이 고객의 위로 한마디는 세상의 그 어떠한 연고보다 제 마음의 상처를 깨끗이 아물게 해주었던 최고의 연고였지요.

그 후로 저에게 어떠한 변화가 찾아왔냐고요? 아직은 이 세상에 너무 좋은 사람들과 희망과 용기를 주는 사람들이 너무나 많이 있다는 거… 그리고 사람과 사람 사이의 정이라는 게 얼마나 따뜻하고 행복한 일인지 느낄 수가 있었고 그 후로 다시 고객들을 사랑할 수 있게… 그리고 이 KT라는 회사를 다시는 떠나고 싶지 않게 저를 붙잡아 주었지요.

그 후로 열심히 일하기 위해 노력했고 그런 저를 위로해 주는지 이번 달에는 해외 프로모션으로 푸켓도 가게 되는 기쁨을 맛보게 되었어요. 그리고 무엇보다도 조금씩 조금씩 건강을 회복하시는 우리 아빠를 볼 때마다 웃음 지으며 행복한 꿈을 꾸곤 합니다.

더 열심히 일해서 … 더 많이 돈도 벌어서… 우리 아빠 더 좋은 곳에서 더 좋은 약 드시면서 지금처럼 내 옆에 계셔 주는 아름다운 상상을…. 한때는 그렇게 벗어나고만 싶었던 이 회사가 지금은 나라는 사람을 변화하고 싶게… 조금 더 온화한 사람이 되고 싶게… 그리고 조금 더 사려 깊고 오래 참는 법을 배워, 보다 좋은 성품으로 이 세상을 살아가도록 노력하고 싶게 자꾸만 저를 변화시키곤 합니다. 나와 제 소중한 가족의 생계를 책임져 주고 우리 아빠를 병에서 보호할 수 있도록 물질적인 도움까지 되어 주는 이 회사를 떠나고 싶지 않다고….

그리고 제가 어떠한 방법으로 살아가야 하는지 제 삶이 올바른 선택을 할 수 있도록 도와주었던 소중한 그때의 그 고객과, 또 그 고객을 만날 수 있도록 기회를 주었던 KT 고객센터에게 진심으로 감사드립니다.

수기 공모 장려상 수상작(CS 부문)

반짝이는 별

서울 CS본부 _ **김순옥**

ktis always with you

나의 하루는 '일어나~일어나~' 하는 휴대폰의 어리광 섞인 전자음과 함께 시작된다. 딸아이를 콩 볶아 대듯 깨워 출근길 차에 실어 딸아이 학교 교문에 내려주며 "오늘도 안녕!"을 딸아이 뒤통수에 휙! 던져 주고는 카풀 친구들을 다시 태우고 회사로 달리며 차가 가득한 회색의 외곽 순환도로 위를 힘차게 올라선다.

그날도 다른 날과 다름없이 아침 교육과 요금주기의 짧은 식사 시간, 쏟아져 들어오는 온갖 사연을 담은 해지 업무를 숨가쁘게 처리하고 한숨 돌리며 열은 커피 한잔과 함께 여유롭게 예약 호를 시작하던 때는 저녁 7시가 넘은 시간이었다. 첫 번째 고객은 현금 30만 원 준다고 하여 S 사로 옮기려 한다는 고객으로 추가 약정과 결합, 장기 혜택까지 주어가며 S 사 요금과 비교, S 사로 옮기면 더 손해라는 내용으로 지속 사용케 했고, 두 번째 고객은 회식 중이라며 지금 통화 곤란하니 내일 다시 통화하자는 고객으로 여러 번 죄송하다는 말씀을 드린 후 임시저장을 해놓고, 딸아이 야간 자율학습 끝날 시간에 맞춰 아이를 데리러 갈 생각으로 세 번째 고객께 바삐 전화를 걸었다. 젊은 남자의 목소리가 깐깐하게 들려왔다.

“해지해 주세요.

“네! 고객님, 잠시 기다려 주세요, 확인해 드리겠습니다. 고객님, 어떤 불편한 점이 있으셨… ?”

“그게 아니고요, 일단 길게 말하기 싫으니까 묻지 말고 그냥 해지해 주세요.”

고객은 말을 자르며 완강하게 나의 상담을 거부했다.

잠시 기다려 달라 양해를 구한 후 확인하니 고객의 약정은 10일 정도 남아 있었고, 당일 해지 시 할인 반환금이 10만 원 가까이 계산되어, “고객님, 지금 해지하시면 약정이 아직 지나지 않으셨기 때문에 할인 반환금이 10만 원 정도 청구되십니다. 죄송합니다만 불편하신 점이 있으시다면 제가 힘껏 도와드리겠습니다.”

이야기가 끝나기도 전에 고객은 어이없다는 듯 내게 소리를 질렀다.

“지금 뭐라 했어요? 뭐, 나보고 할인 반환금을 내라 이거요? 내가 그걸 왜 내야 하는데?”

깐깐한 듯 느껴졌던 고객의 성질이 내 귀에 그대로 꽂혔다. 사실대로 약정기간이 남아 반환금이 청구된다고 다시 말씀드렸다.

“약정기간이 남아있다고? 내가 알기로는 오늘이 약정 만료일로 알고 있는데 무슨 소리인 거야. 내가 2주 전쯤 전화했을 때 통화했던 사람은 약정이 며칠 남아 있으니 며칠 지나서 해지하면 할인 반환금 없다고 해서 오늘 전화한건데 아가씨, 지금 무슨 말 하고 있는 거야?”

"고객님께서 전에 상담하시고 나서 중단 기간을 열흘 이용하셨는데 그대로 약정기간이 남아 있으세요, 고객님…."

또 내 말은 잘리고 "그런 소린 시끄럽고 그 아가씨는 아가씨처럼 할인 반환금 부담 안 주려고 언제 다시 전화해서 해지하면 할인 반환금 청구 안 된다고까지 이야기해 줬는데 지금 아가씨는 내게 할인 반환금 이야기해서 해지 못하게 하려고 일부러 그러는 거잖아. 이 아가씨 완전 사기꾼이네!"

약정이 남아 있음을 재차 설명드리자 팩스로 그 내용을 보내고 다시 전화하라고 하셨다. 시간은 벌써 8시가 넘어 있었다. 팩스 송부 후 고객은 그 내역서를 보고 할인 반환금이 정확하다 생각되었는지 할인 반환금 내역에 대한 말은 한마디도 없고 이제는 전에 상담할 때 할인 반환금 청구되지 않도록 상담을 해준 상담원의 호의와 할인 반환금 청구된다는 계산을 해준 나의 업무 내용을 놓고 양심적인 업무에 대한 토론을 해보자고 하였다.

"그래, 고객을 생각해서 할인 반환금 청구 안 되게 해지 날짜를 다시 알려주었던 그 상담원에 비해 아가씨는 고객을 전혀 고려하지 않는 업무를 하고 있다고 생각하지 않나?"

순간 실수를 해버렸다.

"고객님, 저는 업무지침과 다르게 안내를 한 적도 없고 고객님께 청구하지 않아도 되는 부당한 반환금을 청구하려고 하지도 않았습니다. 다만 고객님께서 제게도 여유를 좀 더 주시고 상담에 응해 주었더라면 저도 그 앞에 상담해 드렸던 상담원처럼 이야기해 드렸을 수도 있습니다. 하지만 고객님께서는 처음부터 제게 여유를 주지 않으셨고 무조건 당장 해지해 달라고 하지 않으셨나요?"

"아~그래, 아가씨 잘못은 하나도 없다 이거고 끝까지 할인 반환금 내게 물리겠다 이거잖아!"

약정을 정하면서 저렴하게 써서 좋다 할 때는 언제고 이젠 약정을 먼저 깨서 할인 반환금 청구되는 것에 생트집을 잡으려 하는 고객에게 이젠 나도 오기가 나서 같은 이야기를 좀 더 큰소리로 정확하게 다시 했다

"고객님, 죄송합니다만 할인 반환금은 약정 전에 해지를 하시면 3년 동안 이용하겠다고 약정하신 약속이 지켜지지 않았기 때문에 청구되는 부분입니다."

"그래, 알았어… 그래, 아가씨는 KT에서 그렇게 할인 반환금이나 계산하고 농땡이나 치면서 살라고!"

순간 나는 화가 울컥하여 뱉지 않아도 될 말을 내뱉고야 말았다.

"고객님~! 그렇게 함부로 말씀하지 마세요. 저, 지금까지 회사에 다니면서 농땡이 치면서 회사생활하지 않았습니다. 고객님도 열심히 운영하는 회사에 대표자이시듯 저도 제 회사에서 비록 상담원으로 일하고 있지만 스스로에게 부끄럽지 않도록 내 업무에 성실하게 근무하고 있습니다. 고객님, 화나신다고 그렇게 말씀 막 하지 마세요!"

"알았어, 그래, 아가씨 잘~ 났다!"

나는 눈물이 나오고 목이 메어 왔지만 큰 숨을 한번 들이마신 뒤

본연의 업무로 돌아와 아무렇지도 않은 듯 사과를 드렸다.

"고객님, 화나게 해드려 죄송합니다. 그렇지만 인터넷 약정이 남으셨으니 약정기간 동안 좀 더 생각해 보시고 패밀리로 묶어 이용하시면 50% 할인된 저렴한 요금으로 이용가능하십니다. 좀 더 생각해…."

앗, 또 잘렸다.

"됐고, 해지는 아가씨한테 안 할 거야. 해지하든 어떻게 하든 내가 알아서 할 테니까 아가씨는 지금까지 그랬던 것처럼 KT에 충실하며 고객들한테 할인 반환금이나 실컷 물리며 잘 살라구!"

고객은 끝까지 내게 비아냥거리며 화를 풀지 않고 전화를 끊어버렸다.

헤드셋을 벗고 책상 앞에 있는 화장지를 찾아 두 눈을 꾹 눌렀다. 눈두덩은 뜨거워졌고 계속 눈물은 솟구쳤다. 9시가 다 되어 차에 올라 오디오의 볼륨을 아주 크게 틀어놓고 나서야 나는 소리 내어 울었다.

"고객의 마지막을 새로운 출발로…라는 작년 우리 해지팀의 슬로건은 완전 개뻘이야!" 하면서 울었다. KT 상담원으로 입사한 지 8년 3개월 만의 처음 울음이었다. 그래도 지금까지 회사 생활과 내 인생을 열심히 살자고 누구 말처럼 입에서 단내가 나도록 죽어라 열심히 살아왔는데… 지금 이 늦은 시간까지 일하면서 농땡이 친다는 소리나 듣고 참 우울하고 슬펐다.

고객에게 서운하고, KT에 서운하고, 또 내 자신에게 서러웠다.

한참을 울다 깜깜해진 하늘을 올려다보니 눈물로 내 눈이 맑아져서인지 반짝이는 별들이 많이 보였다.

그 별을 보고 있자니 문득 이런 생각이 들었다.

'그래, 나를 세상이 알아주지는 않지만 나도 나름 반짝이는 별인데….'

내 두 아이의 엄마로서 반짝이는 별이고, 회사에선 열심히 일하는 직원으로서의 별이고, 나이 사십의 중반을 넘기는 한 여자로서 반짝이는 별… 그게 바로 지금의 나 아니던가.

딸아이의 학교 교문 앞에는 야간 자율학습을 끝내고 친구들 모두 집으로 돌아가고 혼자 덩그러니 남겨진, 내 사랑하는 딸아이가 가로등 아래서 손을 흔들고 서 있었다. 아이와 손을 잡고 집으로 돌아오며 아이에게 물었다.

"상은아, 엄마는 네게 정말로 반짝이는 별일까?"

"그럼~! 엄마는 언제나 나에게 완전 반짝이고 소중한 별이야!"

내 마음에는 어느새 별이 가득히 넘쳐나고 있었다.

그 고객이 해지했는지 궁금해 2주 정도 지나 조회를 해보니 결국 패밀리로 묶어 이전하여 사용 중이었다.

수기 공모 응모 작품(CS 부문)

공공의 적이냐 공공의 친구냐?

서울 CS본부 _ **최선화**

ktis always with you

벌써 100번 콜센터에서 근무한 지도 올해로 3년이 넘어간다. 아침이면 언제나 '오늘은 그래도 밝게 파이팅~해야지' 하는 맘으로 출근을 하지만 우리 업무가 어디 그런가! 늘~ 고객한테 혼나고 욕먹고 지사로 전화하면 또 무시당하고…. 오히려 고객보다 같은 업무를 하는 지사나 영업부 직원에게 엄한 소리 듣고 맘 상했던 적이 더 많았던 것 같다.

특히나 불친절하기로(?) 소문난 양ㅁㅁ 지사나 신△△지사는 정말 한번 통화하고 나면 마치 내가 뭘 잘못하기라도 한 듯 도무지 같은 일을 하는 부서라고는 생각도 못할 무시와 구박과 맥 빠지게 하는 처사들로 여기서 근무하는 내 자신을 정말 초라하게 만드는 곳이다.

이분들이 과연 KT의 직원들이고 우리와 같이 고객을 응대하는 분들 맞나 싶을 정도로 힘들 때면 내부의 '공공의 적' 이라는 생각이 들어서 몹시 씁쓸하기만 하다.

그러던 어느 날, 역시나 민원의 시작이다.

점심식사하고 오니 자리에 빨간색 젯메일이 떡 하니 노려보고 있었다. 내용인즉슨, 4월 1일 신규로 인터넷 신청했는데 고객은 본인이 죽어도 신청한 적 없으니 할인 반환금도 납부 못한다는 협박성 글이 가득했다. 나는 재빨리 4월 1일 고객과의 녹취 콜을 찾았고 신청절차에 문제없이 처리된 건이기에 발신을 했다.

그러나 고객님도 만만치 않은 분이었다. 처음부터 무조건 악을 쓰시고 육두문자에 정신을 차리지 못할 정도로 퍼부어 대시니 대체 내가 고객과 처리했던 건에 대해서는 전혀 안내를 할 수가 없을 지경이다.

고객은 무조건 본인이 주장하면 신청한 게 신청 안 한 걸로 되고 해지하고 타사로 가더라도 손해 보지 않고 할인 반환금 없이 갈 수 있다고 누군가 말해준 듯 정말 무시무시했다.

결론은 고객과 원만히 처리 못하고 지사로 조치를 하게 되었는데, 내심 걱정도 되고 워낙 강성인 고객이라 해당 수용지사로 전화를 해보았다. 이미 조치 건으로 지사 담당자분이 고객과 통화가 종료된 후였는데 내가 이제껏 근무하며 이렇게 잘 설명해 주시고 100번에 우호(?)적인 분은 처음이었던 것 같다.

담당자분의 말씀이 이런 고객은 KT를 사용하면 도리어 주변에 악 소문과 괴담을 퍼트리며 기업 이미지만 실추시킬 분이라서 그냥 해지처리하기로 했고 그 통화 과정에서 고객에게 이렇게 말씀드렸단다.

"고객님, 딸 같은 상담사들이 뭔 죄가 있다고 100번에다가 소리 지르시고 욕하십니까? 원래 할인 반환금도 다 부과되고 설치비도 부과되는 게 맞으나 고객님이 워낙 강하게 주장하시니 제가 처리해 드리겠습니다. 그리고 저는 권한이 있어서 처리가 되는 것이니 향후에라도 억지스런 주장은 100번으로 하지 마십시오"

최일선에서 근무하는 100번 직원들이 항상 안쓰러웠다고 하는 말씀까지 덧붙여 주시니 나는 이제껏 지사분들은 '공공의 적' 이라고만 생각했던 내 생각이 순간 잘못되었음을 알았고 정말 눈물이 날 정도로 고마웠다.

아이맨에 그분의 사진을 보니 마치 뒷배경까지도 후광으로 보이니 어지간히 감동을 했나 보다. 이렇게 하는 일은 달라도 서로 이해하고 배려해 준다면 고객들로부터 받는 엄청난 스트레스가 오히려 보람으로 이어져 더 재미있게 근무할 수 있을 것 같다. 나 또한 이제는 다른 부서로 통화하거나 부탁할 때는 그분들의 수고를 생각하면서 한 번 더 친절하게 전화를 해야겠다는 생각이 들었다.

오늘 100번 상담사들이 '마치 내 딸 같아서' 라고 해주신 멋진 서울 가좌지사 한정남 님께 이 글을 통해 감사의 말씀을 전하고 싶다.

"과장님~ 아이맨 사진 너무 멋있으시고 너무 멋있는 마인드로 열심히 일해 주시니 이제 저희는 공공의 적이 아닌 공공의 친구 맞죠? 다음에는 저희가 꼭 도와드릴 일이 있을 테니 친구한테 부탁해 주세요!"

이렇게 오늘 하루도 나의 민원은 무사히 해결되었다.

수기 공모 응모 작품(CS 부문)

행복 나눔

경기 CS본부 _ **강정례**

k t i s a l w a y s w i t h y o u

저희 A/S센터는 8시부터 22시까지 돌아가면서 상담 업무를 하고 있습니다. 그날 저는 중근 근무여서 22시까지 근무하고 있는 중이었으며 그날따라 호 상황도 좋아서인지 저녁시간 때까지 한적하게 근무할 수 있었습니다.

"반갑습니다. 강정례입니다."

"수고하십니다. 내가 여기다 전화해도 되는지 잘 모르겠는데~ 혹시 물어 봐도 되나요?"

한 40대 후반에서 50대 초반으로 보이는 남자분이셨는데 뭘 물어 보겠다는 건지 긴장이 되었습니다.

"네~ 고객님, 어떤 불편사항이 있으세요?"

"아~ 제가 늦게 장가를 가게 됐는데 우리 와이프는 베트남 사람이에요."

"아~그러세요 고객님~ 축하 드립니다."

저는 당연히 축하 인사를 전하며 무슨 말씀을 하실지 궁금해지기 시작했습니다.

"제가 직장 다니면서 틈틈이 컴퓨터 공부를 하고 있는데, 결혼하면 베트남에 이메일도 보내야 하고 와이프랑 결혼생활하는 모습도 영상으로 보내주고 싶어요."

이 말을 들으면서 저는 그래도 결혼하시는 베트남 신부은 정말 행복한 분이구나라는 생각이 들었습니다. 보통, 외국인과 결혼하시는 대부분의 한국 남자분들은 결혼시기를 놓치거나 국내에는 혼처가 없어 어쩔 수 없이 중국이나 동남아시아 등에서 국제결혼을 하며, 외국에서 한국으로 오시는 여자분들도 돈 때문에 본인이 뜻하지 않는 결혼을 하는 것으로 알고 있습니다.

그런데 이 고객님은 외국인 부인을 위한 배려가 너무나 끔찍하다는 생각이 들었습니다.

"와이프 이름으로 이메일을 가입시켜 주고 싶은데 내가 잘 몰라서인지 어떻게 하는지 모르겠어요. 바쁘지 않으시면 좀 알려 줄 수 있나요?"

컴퓨터에 초보이신 것 같았고, 순간 시간이 많이 걸리겠구나 라는 생각이 들었지만,

"네~고객님, 제가 도와드리겠습니다."

요청하신 사항에 하나씩 응대하기 시작했습니다. 한 사이트를 선정해서 회원 가입하는 방법을 천천히 응대해 드렸습니다.

생각보다 고객님도 빨리 이해하시며 잘 따라와 주었고, 순조롭게 가입이 완료되었으며 이메일 보내는 방법 또한 추가적으로 말씀을 드렸습니다.

"바쁜데 도와주셔서 너무 고맙네요, 퇴짜 맞으면 어떻게 하나 걱

정했는데, 하하!"

"인터넷 전화도 가입하려고 하는데 상담원한테 도움을 많이 받아서 KT 걸로 사용해야겠어요. KT 싸지요?"

"네~고객님, 저렴한 요금으로 사용하실 수 있습니다" 라고 안내한 뒤 단말기 선정 및 정확한 요금 안내를 위해 내일 전문 상담부서에서 고객님께 연락드릴 수 있도록 말씀드린 후 상담을 종료하게 되었습니다.

전화를 끊고 마음 한구석에는 성취감과 뿌듯함이 교차하며 즐겁게 하루를 마무리할 수 있었습니다.

다음날 출근 후 11시경 확인해 보니 인터넷 전화가 가입되어 있었습니다. 나의 작은 도움으로 인해 고객님이 KT상품을 추가적으로 가입하게 되어 더욱더 기분 좋은 하루를 보냈으며 마음 변화의 전환점이 되었습니다.

그로부터 한 2주 정도 지난 뒤에 저한테 메시지가 전달되었습니다. 다른 상담사로부터 전달된 내용이었는데,

"○○○ 고객님께서 연락 달라고 하십니다. 010-□□□-□□□□."

무슨 영문인지 초조한 마음에 바로 전화를 드렸는데, 저번에 야간에 상담했던 바로 그 고객님이었습니다.

"안녕하세요~ 나 누군지 알아요?"

"나 결혼 잘했고요, 우리 와이프가 친정집에 이메일까지 잘 보내고 있습니다."

"다시 한번 고맙다고 얘기하려고 전화했어요, 하하!"

그 말씀을 듣는 순간 제가 더 고객님께 감사했으며 너무나 자상하신 마음까지 더해져 큰 감동을 받았습니다. 저도 감사하다는 말을 되풀이하며 전화를 끊었습니다.

보통 고객님들은 그냥 무덤덤하거나 불만을 표출하시어, 항상 긴장과 초초함을 놓지 않고 상담하고 있던 저한테 오히려 잔잔한 햇살과 이슬까지 더하여 주시며 상담업무의 진정한 맛과 생각의 변화마저 갖게 해 주었습니다.

조금 더 고객님의 입장에서 작지만 적극적인 자세로 상담해 보고자 현재도 노력하고 있으며, 안일해졌다는 생각이 들 때는 그때의 그 고객님을 마음속에서 다시 한번 꺼내어 마음가짐을 다시 추스릅니다.

수기 공모 응모 작품(CS 부문)

마음을 움직이는 마술사

서울 CS본부 _ **이정애**

kt is always with you

나무들이 따뜻한 햇볕을 따라 더 높이 자라고 더 넓게 가지를 뻗는 계절이다. 유난히 꽃샘추위가 매서웠던 봄에서 여름으로 계절이 바뀌는 사이, 나는 만 2년 전업주부의 삶에 종지부를 찍고 어엿한 KT A/S 상담원이 되었다.

그래 봐야 고작 3개월, 이제 갓 팀 배정을 받은 신입이지만 혹독한 겨울을 견뎌 풍성한 잎을 달고 꽃을 피운 나무처럼 주제넘지만 나 자신이 조금 대견스럽다는 생각이 든다.

언젠가 시어머니와 통화를 하는데 "한별 애미야, 일 다니기 힘들지?" 하고 물으시는데 "아니에요, 고객님!" 하고 대답해서 한바탕 웃었던 일이 있었다.

그뿐 아니라 전화통화할 때면 나도 모르게 후배에게 극존칭을 하고 음식배달을 주문하면서 "감사합니다!" 인사를 빼놓지 않으니 이것도 나름 A/S 상담원의 직업병이라면 직업병이겠구나… 멋쩍으면서도 내심 뿌듯한 기분이 드니 말이다.

팀 배정을 받은 지 3주, 아직 몰라서 용감하고 뒤따르는 것은 실수 연발이지만 기꺼이 뒷수습을 해주시는 팀장님과 선배들의 배려

덕분에 다행히 나는 좌절하지 않고, 고객의 쓴소리를 바르게 듣는 지혜를 열심히 쌓아가고 있다. 하나씩 업무를 습득해 가면서 두려움보다는 자신감이 앞서기도 한다.

하지만 나로 인해 고객이 불편하지 않고 민원이 생기지 않기를 기도하는 마음으로 콜을 받으면서 그동안 교육생으로서 좀 더 성실히 교육에 임하지 못했던 내 자신이 부끄러운 것도 사실이다. 바로 눈앞의 평가에 연연해 이해하기보단 외우려고만 했었는데 직접 고객의 콜을 받고 보니 나의 입장에서 10개 외우는 것보다 고객의 입장에서 1개를 이해하는 것이 A/S 상담원으로서 얼마나 중요한 것인지 새삼 느끼게 된다.

얼마 전 쿡 TV를 시청하시는 연세가 많으신 고객님의 전화를 받았을 때의 일이다. 쿡 TV 화면이 나오지 않는다는 고장 접수 건이었는데 셋탑박스 재부팅 과정에서 본의 아니게 고객님을 언짢게 해드린 일이 있었다. 셋탑박스를 재부팅하면 로드에서 부트, 채널로 전환되는 과정을 설명하고 확인하는데 고객께서 그게 무슨 말이냐며 내게 자꾸만 되물으셨다.

내 딴에는 쉽게 설명을 드린다고 스펠링을 한 자 한 자 설명하는데도 고객께서 이해를 못하셔서 나도 모르게 고객님을 다그치는 상황이 되어 버리고 말았다.

그러는 도중 고객님께서 "내가 영어를 몰라요, 아가씨 미안해요! 화면에 나오는 게 무슨 글씨인지 전혀 모르겠네… 내가 못 배워서…" 라고 오히려 내게 미안하다고 사과를 하셨다.

그리고는 이내 이따가 손녀가 학교에서 돌아오면 그때 다시 전화를 하시겠다고 급히 전화를 끊으셨다. KT서비스 이용에 불편을 겪은 고객님께 도움을 드리기는커녕 오히려 사과를 받게 되다니… 말도 안 되는 상황에 고객의 입장을 이해하지 못한 나 자신이 부끄러워 한동안 그 다음 콜을 받을 수가 없었다. 지금도 그때를 생각하면 죄스러운 마음뿐이다.

현재 내가 A/S 상담원으로서 가장 힘든 순간은 대부분의 상담원들이 그러하듯 민원이 심한 고객님의 콜을 받았을 때다. 언성을 높이며 심하게 다그치는 고객을 대할 때면, 아직 미숙한 탓에 서러운 감정이 복받쳐 나도 모르게 눈시울부터 붉어지곤 한다. 그러다 보니 고객을 제대로 이해시키고 설득하지 못해 업무가 지연되고 결국 고객님께 이중의 불편을 끼치는 결과를 초래하고 만다.

그 순간은 고객이 두렵고 힘들지만 업무지식이 부족한 신입의 입장에서 보면 민원이 심한 고객이야말로 문제를 해결할 수 있는 능력을 깨우쳐 주는 엄하지만 소중한 스승이라는 생각이 든다. 민원이니만큼 팀장님이나 선배들께 도움 요청하는 과정에서 문제의 원인이나 업무처리 방법을 배움으로써 또다시 같은 민원 건이 들어왔을 때, 나 스스로 상담할 수 있는 역량을 키울 수 있게 되기 때문이다.

반면, 부족한 나를 칭찬해 주시고 좋은 말로 격려해 주시는 고객을 만날 때면 더 열심히 상담할 수 있는 힘이 생기고 고객으로부터 감동을 받는다. 그 순간만큼은 힘들었던 기억은 모두 사라지고 A/S

상담원이 되길 잘했다는 뿌듯함마저 든다.

"이정애 씨, 건강하고 복 많이 받아요!" 라고 덕담을 해주셨던 고객님, "친절하게 상담해 줘서 고마워요!" 라고 칭찬해 주시는 고객님들 덕분에, 아직 고객님의 말 한마디에 울고 웃는 부족한 상담원이지만 얼마 후엔 나도 선배님들처럼 고객에게 감동을 주고 신뢰를 얻는 KT의 자랑스런 상담원이 될 수 있다는 희망을 갖게 된다.

가장 친절하고 온유하게 그리고 성실하게 고객의 마음을 움직이는 상담원으로 KT고객의 만족과 신뢰를 담아내는 큰 그릇이 되고 싶다.

수기 공모 응모 작품(CS 부문)

불만고객도 충성고객으로 만들 수 있는 우리들

서울 CS본부 _ **임금택**

ktis always with you

짧은 휴가를 다녀와서 첫 출근할 때는 많은 생각과 걱정이 머리를 스치고 지나간다.

팀장이 자리를 비운 사이 이직하겠다는 직원은 없었는지? 어려운 클레임은 없었는지? 아픈 친구는 없었는지? 가지 많은 나무에 바람 잘날 없다고 사무실을 들어서며 밝은 미소로 인사를 나누기가 바쁘게 나의 어린양들은 쪼르르 달려와서 그간 있었던 일들을 조잘조잘 전해 주었다.

그 사이 우리 부팀장님의 석연찮은 표정에 '아~ 무슨 일 있었구나' 하는 직감이 드는데 결국 "팀장님! 저희 팀원 ○○○가 고객님과 언쟁을 해서 큰 민원이 발생했어요!"

'이크! 이런 일이~' 가슴이 철렁했습니다. 다른 클레임도 아니고 고객님과의 언쟁으로 일어난 일이라니….

아침 미팅 때마다 "어떠한 경우에도 고객님과의 언쟁은 바보짓이다. 어떠한 경우에도 고객님을 이길 수 없다" 고 가슴에 박히도록 얘기했는데.

일단 어찌 된 영문인지 들어보니 고객님께서는 이미 요금에 대한 불만으로 화가 많이 나서 신경질적인 어투로 100센터에 전화를 주셨고 우리 상담사도 그만 고객님의 신경질적인 말투에 감정을 다스리지 못하고 짜증 섞인 말투로 응대하다 보니 모든 고객님들께서 그러하시듯이 본연의 문제는 뒤로하고 상담사의 불친절에 포커스를 맞춰 책임자의 방문사과를 요구하셨던 것이다.

상담 내용을 들어보니 고객님의 입장에서 화난 부분을 들어주고 진정한 사과 표현만 했어도 되었을 것을, 이렇게 꼭 호미로 막아도 되는 것을 가래로 막는 상황을 연출시켜 놓은 것이다.

콜을 듣는 내내 고객님께 진정으로 미안하여 어서 찾아뵙고 사과를 드려야겠다는 생각에 우리 클레임 처리 전문 부서의 고객보호 팀장님과 동행하여 고객님을 만나러 갔다. 고객님은 40대 후반의 얌전하신 전형적인 중년의 가정주부셨는데 언니뻘 되는 분과 함께 나오셨다. 정중하게 인사를 드리고 마음으로 준비한 선물을 내놓으며 사과를 드렸다.

그런데 손사래를 치시며 이러려고 찾아오라고 한 것이 아니었다며 사실 이렇게 진짜 찾아오실 줄은 몰랐다고 그냥 화가 나서 한 소리였는데 두 분이 이렇게 찾아와서 진심으로 사과해 주니 마음이 다 풀렸다 하셨다. KT에 대해 그동안은 신뢰하지 않았는데 이렇게 진심으로 일처리 하시는 두 분을 뵙고 나서 KT에 대한 믿음이 생기고 KT에 대한 이미지가 좋아졌다며 우리에게 차까지 사주시며 지금처럼 열심히 하는 모습에 감동이라며 격려해 주셨다.

아~ 정말 몸 둘 바를 몰라서 나도 모르게 고객님 손을 덥석 잡고 인사를 꾸벅꾸벅 드렸다.

"너무 감사합니다. 이렇게 우리의 허물을 이해해 주시는 것도 감사한데 오히려 저희들을 격려해 주시니 직장 다니는 것에 대한 자부심이 느껴집니다."

결국 고객님을 감동시킨다는 것은 큰일도 어려운 일도 아니었다. 고객의 마음을 알아주고 진심으로 대하는 것이 고객감동의 지름길이며, 고객감동은 고객님의 마음에 메아리를 울리고, 아름다운 미소와 친절로 내게 다시 돌아온다는 것을 느끼며 고객님과 따뜻한 포옹을 하고 뿌듯한 마음으로 되돌아왔다.

여운이 남는 고객님의 모습이 채 가시지 않은 이튿날, 저를 찾아오신 손님이 계시다는 연락을 받고 회사 로비로 내려갔는데, 어제 만난 중년의 손님께서 반갑게 인사를 하신다. 순간 무슨 일로(?) 하며 의아했지만 수줍은 듯 흰 봉투를 슬며시 내밀며 사무실에 가서 읽어 보라며 황급히 자리를 뜨셨다. 두툼한 편지봉투 안에는 무려 12장이나 되는 긴 편지가 들어 있었다.

감사인사로 시작된 편지는 어제 우리를 만나고 여운이 남아 늦은 밤에 글을 쓰기 시작하셨다며 우리 상담사도 마음이 다쳤을 거라며 잘 다독여 달라는 당부와 함께 어제 우리가 방문한 것에 대한 감사와 감동의 마음을 구구절절이 써오셨던 것이다. 편지를 읽는 동안 너무도 인간적인 마음을 읽을 수 있었다. 내가 직장생활 하면서 몇 번 경험해 보지 못한 진한 감동의 시간이었다. 콜센터에서 근무하는 매력이란 바로 이럴 때가 아닌가 한다.

나의 작은 친절에 고객님은 몇 배나 더 큰 마음의 선물을 우리에게 주실 때 우리는 보람과 긍지를 느끼며 무한한 행복으로 빠져든다. 고객감동, 고객만족은 고객님께만 아니라 나 자신에게 더 큰 감동으로 되돌아오는 것임을 잊지 않고 KT 콜센터가 고객감동으로 넘쳐나는 그날까지 노력하겠다.

ps : 고객님이 보내주신 편지는 잊지 않고 잘 보관하고 있습니다.

수기 공모 응모 작품(CS 부문)

아싸~ 나의 정당한 안내

서울 CS본부 _ **김채현**

k t i s a l w a y s w i t h y o u

2009년 가을에서 겨울로 접어드는 어느 날, 제가 회사에 입사한 지 1년이 조금 넘었을 때였습니다. 선릉에 입사하여 신입으로 일하던 때가 어제 같은데 전화 한 콜 한 콜이 너무 두렵고 민원이 무서워서 눈물을 글썽인 적도 많았는데 벌써 여기까지 왔다고 생각하니 제 자신이 참 자랑스럽고 회사에도 감사한 생각이 드는 날이었습니다.

그날도 어김없이 힘찬 하루를 준비하고 있었습니다. 저는 KT의 일원이기 때문에 언제나 선봉에서 고객들을 맞이하고 만족을 드려야 한다는 사명을 가지고 열심히 업무를 수행하고 있었습니다.

그리고 점심이 지나고 약간 졸릴 즈음 한 고객님의 문의가 들어 들어왔습니다.

"반갑습니다, 김채현입니다."

"고생 많으십니다, 선생님!"

"아닙니다, 고객님! 감사합니다."

목소리로는 50대 초반 정도 되었을까, 간단한 인사를 마친 고객님은 조용히 질문을 하셨습니다.

"저 제가 차를 사려고 하는데 요즘 현대차 할인이 있다면서요?"

고객님이 문의한 내용은 현대차 할인이었습니다. 그때 당시에는 쿡 인터넷과 쿡 TV를 1년 이상 약정 동시에 결합을 하면 현대차 구입 시 40만 원을 할인해 드리는 행사를 하고 있었는데, 그 내용에 대한 공지가 정확하게 정립되지 않았던 터라 저도 정확히는 알지 못하는 상황이었습니다.

"예 맞습니다, 고객님. 현대자동차를 저렴하게 구입하시려는 고객님들을 대상으로 현재 쿡 인터넷과 TV를 동시에 1년 이상 약정하시고 결합으로 이용하시면 할인해 드리는 행사를 하고 있습니다."

"음, 그냥 차 할인만 해줍니까? 요금 할인은요? 현금은 줍니까? 요즘 전단지를 보면 20~30만 원씩 준다던데…."

역시나 고객님은 가입점을 통해서 현금을 지급한다는 내용을 보시고 문의를 하셨습니다. 하지만 KT는 현금을 따로 지급하는 행사는 하지 않기 때문에 고객님께 할인혜택을 설명드렸습니다. 쿡셋 신한카드 할인, 결합할인 등등 비록 인터넷이 온라인 가입할인은 어렵지만 현대차 할인 40만 원이 오히려 현금보다 나음을 강조하며 고객님께 100번에서 가입하시기를 권유했습니다.

"음, 현금은 안 주는군요. 일단 알겠습니다. 근처에 쇼대리점 보니깐 거기서도 현대차 할인을 하면서 현금을 준다는데 한번 알아보아야겠군요."

"고객님, 그러시다면 지금은 결정하기 힘드신 것 같으니까 제가 추후에 다시 한 번 연락을 드리겠습니다. 연락처를 남겨 주시겠습니까?"

아무리 생각해도 이상했습니다. 영업점이라 해도 현금지급과 동시에 현대차 할인을 적용할 리가 없었으니까요. 저도 한번은 알아봐야겠다는 심정으로 고객님의 연락처를 받아 적고 강사님께 이러이러한 상황이 있었다며 질문을 했습니다.

"강사님, 현대차 할인을 적용해 주는 접수처는 100번과 영업점 동시인가요? 아직은 그런 공지사항은 없지만, 만약에 고객님께서 영업점에서 가입 후 그런 혜택을 적용받지 못하신다면 민원으로 발생되어 고객님께 불편이 될 것 같아서 그래요."

질문을 한 지 2~30분이 지났을까, 강사님께 답변을 받을 수 있었습니다.

"김채현 씨, 알아보니까 현대차 할인은 오직 100번에서만 적용이 가능합니다. 그 외 다른 채널 접수분은 적용되지 않으니 고객님께 안내해 주세요."

역시 영업점에서 잘못 안내를 한 것이었습니다. 이 사실을 안 저는 즉시 고객님께 발신을 했습니다.

'뚜우… 뚜우….'

두세 번을 해도 받지 않으시는 고객님. 대리점에 알아보고 바로 가입하신다고 하셨는데, 다급해진 저는 고객님이 불편을 느끼시기 전에 문자를 하나 발송해 드렸습니다.

〈고객님, 영업점에서 가입하신 분은 현대차 할인을 받으실 수 없

습니다. 자세한 내용은 100번으로 문의 부탁드립니다.〉

그렇게 전달을 하고 나니 그제서야 마음이 놓였고, 다음 일을 하기 시작했습니다. 비록 작업시간이 좀 길어졌지만 고객님께서 불편을 겪지 않을 생각을 하니 마음이 놓였습니다.

그렇게 2시간이 흘렀을까, 다른 상담원으로부터 저에게 어떤 고객님께서 저를 찾으신다는 메모가 전달되었습니다. 누굴까 했는데 전에 그 현대차 할인 건에 대한 고객님이 저를 찾으신 것이었습니다.

"안녕하십니까 KT 고객센터입니다. ○○○ 고객님 맞으십니까?"

"네 맞아요. 김채현 선생님 맞으세요? 영업점에서 가입하면 현대차 할인이 안 된다고요?"

"예, 맞습니다. 고객님, 제가 알아보니 영업점에서 가입을 하시면 현대차 할인이 전혀 적용되지 않는다고 합니다. 만약에 그 사실을 모르시고 가입하셨다면 큰 불편을 겪으실 뻔하셨습니다."

"아 그렇군요. 감사합니다 선생님. 그럼 선생님을 통해서 가입하기로 하죠. 전 그 사실도 모르고 대리점에서 계약서를 작성하려고 했는데 갑자기 그런 문자가 도착해서 깜짝 놀랐습니다."

"후후후…."

그렇게 고객님은 100번을 통해서 인터넷과 TV를 가입하셨습니다. 만약에 고객님께서 바로 영업점에서 가입하신다고 했을 때 포기하고 바로 다른 업무를 보았다면 고객님은 큰 불편을 겪으셨을

뻔했습니다. 하지만 고객님이 필요한 것이 무엇인지 정확히 알고 있었기 때문에 조금 더 알아보고 고객님의 니즈를 충족해 드림으로써 고객님이 KT를 향한 믿음, 신뢰를 드릴 수 있었다고 생각합니다.

그 계기를 통해서 현재 지금도 당연히 해야 할 일이지만 더욱더 고객님께서 필요한 것이 무엇인지 더 잘 파악하는 상담사가 되기 위해 노력하게 되었습니다.

ktis Always with you.

우리 KT는 언제나 고객님과 함께하는 기업입니다. 저도 언제나 고객님과 그리고 회사와 함께하는 그런 일원이 되고 싶습니다.

반갑습니다. KT고객센터 상담사 ○○○입니다.

서울 CS본부 _ **노우섭**

k t i s   a l w a y s   w i t h   y o u

뚜뚜뚜! "반갑습니다. KT상담사 노우섭입니다."

오늘도 늘 그랬듯이 앞에는 네모상자(컴퓨터), 옆에는 소리주머니(전화기)가 놓인 곳에서 나를 필요로 하는 고객들을 만나고 있다. 이렇게 우리 고객들을 만난 지 어느덧 2년 6개월이 지났다.

생각하기에 따라 길 수도 짧을 수도 있는 시간이지만 그동안 내가 이 자리에서 만난 고객들을 한 분 한 분 생각하면 그 시간이 정말 어마어마한 시간이며 참 많은 분들이 나와 인연을 맺었구나 하는 생각이 든다.

오늘 이렇게 펜을 든 이유는 다양한 고객들의 모습을 하나하나 떠올리며 지난날의 나를 반성해 보기도 하며 때론 '우리 일이 참 힘들지만 보람 있구나'라는 걸 이야기해 보고자 함이다. 지금까지 상담했던 기억을 떠올리며 유형별로 고객들을 나눠 보았다.

〈무시형 고객〉 처음 만나볼 고객은 무시형 고객이다. 이 고객은 일명 김구라형 고객으로 상담사 입장에서 가장 피하고 싶은 고객이다. 이미 내용을 다 알면서 상담사를 테스트하는 것처럼 물어보고 단어 하나 틀리면 그게 아니라며 오히려 하나하나 알려주시는 고객이다.

아울러 "상담사가 그런 것도 모르면서 뭐 하러 앉아 있어?" 라는 고객도 있다. 이런 고객은 참 힘들다. 성경에 '만물을 사랑하라' 고 했듯이 우리 고객센터도 모든 고객을 사랑하라고 한다. 그렇지만 정말 이처럼 인신공격하면서 때론 욕까지 하시는 고객을 보면 '정말 이 상담사라는 직업이 힘들구나' 하는 생각이 든다.

하지만 무시형 고객이 싫다고 상담사의 일을 그만둔다면 그건 겁쟁이일 것이다. 고객이 무시하는 부분에 대해서는 항상 우리가 교육받듯이 "고객님, 죄송합니다. 제가 고객님 말씀하는 부분에 대해서 많이 부족한 것 같습니다. 다시 한번 알아보고 연락 드려도 괜찮으시겠습니까? 아니면 혹시 저희 팀장님을 바꿔 드릴까요?"

이렇게 오히려 고객의 말에 불만보다는 최대한 친절하게 이야기해보는 게 어떨까? 친절 앞에서도 과연 고객이 화를 낼까? '웃는 얼굴에 침 못 뱉는다' 는 말이 괜히 있지는 않을 것이다. 하지만 이렇게까지 되기 위해서는 참 많은 상담 내공이 필요할 듯하다.

〈칭찬형 고객〉 무시형 고객을 이야기하다 보니 분위기가 어두워졌는데 이번엔 분위기 전환을 해보자. 칭찬형 고객이다. 무시형 고객이 가장 회피하는 고객이라면 칭찬형 고객은 정말로 기다리고 기다리는 고객이다. 하지만 그리 많지 않다는 것. '한국 사람들이 칭찬에 참 인색하다' 라는 말을 들었다. 그 부분들이 상담하면서도 많이 느껴진다. 하지만 통계를 보면 칭찬 콜이 자주 나오는 상담사가 있는 반면에 한 번도 안 나오는 사람이 있다. 그렇다면 그 차이는 무엇일까?

개인적으로 나 역시 칭찬 콜이 잘 나오지 않는 편인데 간혹 나왔을 때를 잘 생각해 보니 그 대상이 할머니나 할아버지들이셨다. 그리고 그때의 상담내용을 보면 정말로 다정다감한 모습을 볼 수 있었다.

"네 아버님, 그럼 제가 이렇게 접수해 드려 볼까요? 분명히 아버님께서 만족해하실 겁니다~."

믿기지 않지만 상냥했다. 아무래도 할머니나 할아버지분들은 나의 말을 잘 듣고 이해하려고 하시니 설명함에 있어 마음 편히 다정다감한 말투가 나오는 것 같다. 즉 칭찬형 고객은 들어올 때부터 칭찬형 고객이 아니라 내가 만들어 가는 것이었다. 칭찬 콜이 잘 나오는 상담사들은 항상 다정다감한 음색을 가지고 있었다. 이 글을 지금 누군가 읽고 있다면 이번에 상담하는 고객에겐 다정다감한 음색으로 인사해 보는 건 어떨까? 칭찬 콜이 나올 것이다.

〈불만형 고객〉 이제 마지막으로 찾아보는 고객은 불만형 고객으로 일명 강마에 고객이다. '베토벤 바이러스' 라는 드라마를 보았는가? 주인공 강마에는 항상 불만을 가지고 있다. 우리 고객님 중에서도 그러한 고객님이 있다. KT에 불만, 상담사에 불만, 하다 못해 인터넷 고스톱 치다가도 돈을 잃으면 KT 회선이 안 좋아서 돈을 잃었다고 하신다. 정말 황당하다. 이러한 고객은 항상 만족을 못하시는 고객인데 이런 고객들을 설득하려고 하면 오히려 더 악영향이 된다. 이런 고객에게는 오히려 고객의 불만을 고맙게 여기고 대처하는 자세가 필요할 듯하다.

예전에 어느 책에서 본 적이 있는데 불만이 있는 고객의 4%만이 기업에 불만을 이야기한다고 한다. 그리고 나머지 96%는 불만을 말하지도 않고 그냥 그 기업의 상품을 이용하지 않는다고 한다. 또한 불만을 가진 고객은 평균 8~10명에게 불만을 소문내고 그 소문을 듣고 불만을 해결한 고객의 54%는 우수고객이 된다는 글귀를 본 적이 있다. 즉 불만을 말하신 고객은 오히려 우수고객이 될 가능성이 높은 고객이라는 뜻이다.

그렇기에 불만을 말씀하신 고객에게는 오히려 "불만관련 전화를 주셔서 감사합니다. 말씀하신 내용을 잘 수렴해서 좋은 방향으로 갈 수 있도록 제언해 보겠습니다" 라고 대응해 보는 건 어떨까? 고객도 의외의 반응에 불만이 좀 누그러들지 않을까?

예전에 영업점 문제로 불만을 가진 고객이 있었다. 그 고객과 20분 가까이 통화 중 불만에 대해서 말씀하셨는데 "그래도 제가 해드릴 게 없습니다" 라고 말한 기억이 난다. 그리고 조치를 했지만 결국 그 고객은 KT를 해지하셨다.

만일 그때 좀더 고객의 입장에서 "고객님, 죄송합니다. 제가 생각해도 정말 화가 날 일인 것 같습니다. 그런 영업점은 제가 꼭 위에 말씀드려 똑같은 피해고객이 나오지 않게 제안해 보겠습니다."

이런 식으로 말씀을 드렸다면 그 고객은 KT를 아직도 이용하지 않았을까? 하는 생각을 하며 반성을 해보게 된다.

지금까지 콜센터에서 있을 수 있는 고객들을 유형별로 알아보았는데 그 외에도 다양한 고객이 있을 것이다. 하지만 이렇게 적고 보니 고객은 어느 특정한 유형을 가지고 있는 게 아니라 상담사가 어떻게 대응하느냐에 따라 불만 고객이 될 수도 있고 칭찬 고객이 될 수도 또는 무시나 호통고객이 될 수도 있는 것 같다.

고객이 정말로 원하는 것은 대단한 것이 아니다. 우리가 상담하면서 빚어지는 고객과의 충돌은 아주 사소한 이유이며 그 중에서 의사소통이 원활하지 못해서 발생하는 경우가 대부분이다. 고객은 전화기를 통해 100번을 누르는 순간 KT와의 대화를 요청하는 것이고 우리는 그 KT를 대변하는 대변인이다.

고객이 원하는 것은 우리에게 어느 특정한 결과를 만들어 달라는 것이 아니다. 고객이 원하는 것은 완벽함이 아니고 성의라는 말, 우리는 그 말의 의미를 한번 되새겨 볼 필요가 있을 것 같다.

지금 내가 이렇게 작성하는 말에 공감하는 분도 공감하지 않는 분도 있을 것이다. 하지만 모두가 공감할 수 있는 한 가지는 우리는 상담사이고 우리에게 가장 필요한 건 서비스 마인드라는 것이다.